KÖNIGS ERLÄUTERUNGEN
Band 307

Textanalyse und Interpretation zu

Hans Fallada

KLEINER MANN – WAS NUN?

Daniel Rothenbühler

Alle erforderlichen Infos für Abitur, Matura, Klausur und Referat
plus Musteraufgaben mit Lösungsansätzen

Bange Verlag

Zitierte Ausgabe:
Hans Fallada: *Kleiner Mann – was nun?* Roman. Berlin: Aufbau Verlag, 2013 (atb 2676)

Über den Autor dieser Erläuterung:
Dr. phil. hist. Daniel Rothenbühler wurde 1951 in Porrentruy geboren. Er hat in Heidelberg und in Bern Germanistik und Romanistik studiert und 1992 in Bern mit einer Dissertation über *Der grüne Heinrich 1854/55* promoviert. Er publiziert regelmäßig über die deutschsprachige Literatur der Schweiz, hat das Schweizerische Literaturinstitut mitbegründet und ist in der Literaturvermittlung und -förderung der deutsch- und französischsprachigen Schweiz aktiv. Unterrichtet seit 1991 Deutsch und Französisch am Gymnasium Köniz-Lerbermatt bei Bern.

Hinweis:
Die Rechtschreibung wurde der amtlichen Neuregelung angepasst. Zitate von Hans Fallada müssen aufgrund eines Einspruches in der alten Rechtschreibung übernommen werden.

1. Auflage 2015
ISBN: 978-3-8044-2022-9
PDF: 978-3-8044-6022-5, EPUB: 978-3-8044-7022-4

Titelabbildung: Szene aus dem Film *Kleiner Mann – was nun?* (Originaltitel: *Little Man, What Now?*) mit Douglass Montgomery und Margaret Sullavan. Regie: Frank Borzage. USA 1934 © ullstein bild – ullstein bild
Druck und Weiterverarbeitung: Tiskárna Akcent, Vimperk

4. REZEPTIONSGESCHICHTE 113

5. MATERIALIEN 123

6. PRÜFUNGSAUFGABEN MIT MUSTERLÖSUNGEN 128

LITERATUR 149

STICHWORTVERZEICHNIS 155

1. DAS WICHTIGSTE AUF EINEN BLICK – SCHNELLÜBERSICHT

Damit sich jeder Leser in unserem Band rasch zurechtfindet und das für ihn Interessante gleich entdeckt, hier eine Übersicht.

Im zweiten Kapitel beschreiben wir **Falladas Leben** und stellen den **zeitgeschichtlichen Hintergrund** des Romans *Kleiner Mann – was nun?* dar:

⇨ S. 22 ff.
→ In der Zeit der Romanhandlung erlebt Deutschland eine tief greifende Krise in vierfacher Hinsicht: politisch (Erstarken der extremen Kräfte von links und rechts), ökonomisch (Massenarbeitslosigkeit), sozial (Abstieg des neuen Mittelstandes der Angestellten) und kulturell (neue, amerikanisierte Massenkultur).

⇨ S. 29 f.
→ Als innovativste Strömung der Künste erweist sich die Neue Sachlichkeit, die den gesellschaftlichen und kulturellen Neuerungen auf illusionslos nüchterne Weise gerecht zu werden versucht.

Im 3. Kapitel bieten wir eine **Textanalyse und Interpretation.**

Kleiner Mann – was nun? – Entstehung und Quellen:

⇨ S. 39 ff.
→ Fallada schreibt den Roman zwischen September 1931 und Februar 1932.

⇨ S. 41
→ Er greift mehrere Motive aus dem eigenen Leben auf: seine beruflichen Erfahrungen als Angestellter in der Landwirtschaft, seine Begegnung mit der Arbeiterfamilie Issel sowie seine Ehe mit Suse, das Vorbild für Lämmchen, und seine Vaterschaft für Uli, das Vorbild für Murkel.

→ Im Schreibstil lässt er sich durch die angelsächsische Literatur anregen (u. a. Hemingway), für Pinnebergs Erfahrungen im Warenhaus durch den Roman *Konfektion* von Werner Türk, in der szenischen Darstellung vom Film, zur Charakterisierung der sozialen Situation des „kleinen Mannes" durch S. Kracauers Studie *Die Angestellten*. ⇨ S. 41 ff.

Inhalt:

Beim Frauenarzt erfahren Johannes Pinneberg und seine Freundin Emma Mörschel, genannt „Lämmchen", dass diese schwanger ist. Sie heiraten und lassen sich in Ducherow, dem Arbeitsort Pinnebergs nieder. Er arbeitet in der Getreide- und Kunstdüngerhandlung von Emil Kleinholz, der einen seiner ledigen Angestellten mit seiner Tochter Marie verheiraten möchte. Als Kleinholz Pinnebergs Heirat entdeckt, entlässt er ihn. Der Entlassene kann weder auf die Solidarität seiner Kollegen noch auf die Unterstützung der Angestelltengewerkschaft zählen. Dafür ruft ihn seine Mutter Mia mit dem Versprechen einer Anstellung nach Berlin. Sie will sich von Lämmchen die Hausarbeit machen lassen. Auf dringendes Bitten verschafft ihr Geliebter, Jachmann, Pinneberg eine Anstellung als Verkäufer im Warenhaus Mandel. Als die jungen Eheleute erfahren, dass Mia Herrenabende mit Kuppeldiensten anbietet, ziehen sie bei ihr aus und zum Tischlermeister Puttbreese, der ihnen illegal zwei Zimmer über seinem Möbellager vermietet. Bei seiner Arbeit wird Pinneberg von seinen Vorgesetzten und seinem Kollegen Kessler schikaniert, während der erste Verkäufer Heilbutt ihm hilft und sich mit ihm anfreundet. Als Lämmchen im Krankenhaus einen Jungen zu Welt bringt, begleitet ihr Mann Heilbutt zu einem Kulturabend der Nudisten in einem Schwimmbad. Weil eine Zeitschrift ein Nacktbild Heilbutts veröffentlicht, wird er entlassen. Jachmann taucht eines Abends bei Pinnebergs auf, um sich bei ⇨ S. 47 ff.

ihnen einzunisten. Nach einem Kinobesuch und einem gemeinsamen Abendessen muss er plötzlich wieder verschwinden. Er lässt seine Koffer bei ihnen, weshalb Mia, die Jachmann nachstellt, sie verdächtigt, ihn zu beherbergen. Als Pinneberg einen bekannten Schauspieler zum Kleiderkauf drängt, wird er fristlos entlassen. Heilbutt, der nach seiner Entlassung einen florierenden Vertrieb von Nacktbildern aufgebaut hat, überlässt dem mittellosen Paar und ihrem Knaben Murkel sein Häuschen in einer Laubensiedlung 40 km außerhalb Berlins. Als Jachmann seine Koffer wieder holt, erfährt Lämmchen, dass er ein Jahr im Gefängnis war. Pinneberg muss regelmäßig aufs Arbeitsamt in Berlin, erlebt dort mehrfache Demütigungen und verzweifelt. Nur die Liebe zu Lämmchen und zu Murkel hält ihn schließlich aufrecht.

Chronologie und Schauplätze:

Die Handlung spielt zwischen 1929/30 und 1931/32 zunächst in einer Kleinstadt in Mecklenburg-Vorpommern, dann in der Großstadt Berlin.

Aufbau:

⇨ S. 56 ff.

→ Äußerlich ist der Text in zwei Hauptteile gegliedert, *Die kleine Stadt* und *Berlin*, die auf die gesellschaftlichen Bedingungen des Lebens des „kleinen Manns“ hinweisen.

→ *Vorspiel* und *Nachspiel* machen auf die Desillusionierung des „kleinen Mannes“ im Lauf des erzählten Geschehens aufmerksam: *Die Sorglosen – Alles geht weiter.*

⇨ S. 58 ff.

→ Die Abfolge der fünf Unterkünfte der Pinnebergs gliedert den Roman in fünf Teile und verdeutlicht den Verlauf der Ehe- und Familiengeschichte.

- Im Zentrum des Zeitromans stehen nicht bestimmte historische Ereignisse, sondern die gesellschaftlichen Bedingungen der Krisenzeit. ➪ S. 60 ff.
- Der Roman bevorzugt die szenische Darstellung. Die Dialogpartien machen fast zwei Drittel des Textes aus, sie werden durch Erzählpassagen miteinander verbunden, in denen auktoriales und personales Erzählverhalten ineinander fließen. ➪ S. 63 ff.

Personen:

- Um Pinneberg und Lämmchen bilden sich vier Personenkreise, beruhend auf den familiären, den nachbarschaftlichen, den beruflichen und den administrativen Beziehungen. ➪ S. 69 ff.
- Alle Personenkreise stehen Pinneberg und Lämmchen in abweisender Distanz gegenüber, entweder in offener Feindschaft oder in gleichgültiger Anonymität.
- Die Beziehungen innerhalb aller Personenkreise sind konfliktbeladen.
- Mit entgegenkommendem Wohlwollen stehen Pinneberg und Lämmchen nur die beiden Außenseiter Jachmann und Heilbutt gegenüber.

Stil und Sprache Falladas:

- Fallada greift auf eine Vielzahl von Sprachregistern zurück und trifft in der Erzählstimme und in den Figurenreden einen volkstümlichen Ton. ➪ S. 93 ff.
- Die Erzählstimme orientiert sich an der Spontansprache der mündlichen Kommunikation, wendet sich direkt an die Lesenden und verfügt über einen großen Fundus an rhetorischen Mitteln. ➪ S. 95 ff.
- Die Figuren werden durch ihre Redeweise ihren sozialen Rollen entsprechend typisiert. ➪ S. 100 ff.

Verschiedene Interpretationsansätze bieten sich an:

⇨ S. 104
→ Falladas Roman wurde bislang unter fünf Hauptgesichtspunkten interpretiert: Politik, Biografie, Erzähltechnik, Mentalität und Frauenbild.

⇨ S. 104 ff.
→ In politischer Hinsicht werden der unpolitische und der politische Fallada einander entgegengestellt.

⇨ S. 106 f.
→ In Bezug auf die Biografie Falladas wird sein literarisches Schaffen als Ausdruck einer unausgewogenen Persönlichkeitsstruktur gedeutet.

⇨ S. 107 ff.
→ Hinsichtlich der Erzähltechnik wird Falladas Schwanken zwischen Innovation und Erzähltradition als Ausdruck seiner Unentschiedenheit zwischen der Einsicht in die Vorherrschaft der Dingwelt und der Suche nach einer neuen Subjektmächtigkeit verstanden.

⇨ S. 109 ff.
→ Unter mentalitätsgeschichtlichen Vorzeichen wird diese Unentschiedenheit als Merkmal kleinbürgerlicher Dispositionen interpretiert.

⇨ S. 111 ff.
→ Die Ambivalenz des Frauenbilds wird als Ausdruck der Einsicht Falladas in die Krise der herkömmlichen Rollenverteilung der Geschlechter erklärt.

Rezeptionsgeschichte:

⇨ S. 113 ff.
→ Der Erfolg des Romans beim Lesepublikum stellt sich sofort ein und hält bis heute an, ungeachtet der unterschiedlichen Bedingungen in der Weimarer Republik, in den USA und vielen anderen Ländern, unter der Nazidiktatur, während der Spaltung Deutschlands in BRD und DDR und in der heutigen globalisierten Gesellschaft.

- Den verschiedenen Verfilmungen unter Hitlers Herrschaft, in den USA, im west- und im ostdeutschen Fernsehen kommt weniger Bedeutung zu. ⇨ S. 118 ff.
- Mit Erfolg zum Hörspiel umgearbeitet wird der Roman schon Ende 1932 und dann wieder 2010. ⇨ S. 120 f.
- Nach dem ersten Misserfolg der Umarbeitung für die Bühne 1934 in Dänemark kommt es erst 1972 wieder zu einer neuen Bühnenfassung als Revue. Deren Großerfolg und die neuen Krisenerfahrungen ab 2007 veranlassen in den letzten Jahren eine ganze Reihe von Neuinszenierungen. ⇨ S. 121 f.

Hans Fallada (1893–1947) © ullstein bild – ullstein bild

2. HANS FALLADA: LEBEN UND WERK

2.1 Biografie

JAHR	ORT	EREIGNIS	ALTER
1893	Greifswald	21. Juli: Geburt von Rudolf Ditzen als drittes Kind des Landrichters Wilhelm Ditzen und dessen Ehefrau Elisabeth.	
1899	Berlin	1. April: Wilhelm Ditzen wird Kammergerichtsrat am Kammergericht in Berlin, Übersiedlung der Familie.	6
1901–1909	Berlin	Rudolf besucht das Prinz-Heinrich-Gymnasium in Schöneberg bis 1906, danach das Bismarck-Gymnasium in Wilmersdorf bis 1909.	8–15
1909	Leipzig	1. Februar: Wilhelm Ditzen wird Reichsgerichtsrat in Leipzig, Übersiedlung der Familie.	15
		17. April: Rudolf hat einen Fahrradunfall und verletzt sich schwer.	
		August: Erst nach vier Monaten kann er den Unterricht im Königin-Carola-Gymnasium aufnehmen.	16
1910	Leipzig	Aktive Mitarbeit in der „Literarischen Gesellschaft", Rudolf nennt sich nach der Hauptfigur in Oscar Wildes' *Bildnis des Dorian Gray* „Harry" Ditzen.	17
	Holland	Im Sommer Reise nach Holland mit einer Wandervogelgruppe, schwere Erkrankung an Typhus (fast einjährige Krankheit).	
	Leipzig	Herbst: Beginn des Alkohol- und Tabakkonsums. Erste Schriftstellerpläne. Erstmalige Äußerung von Selbstmordgedanken.	

JAHR	ORT	EREIGNIS	ALTER
1911	Leipzig	Wird als Verfasser obszöner Briefe entdeckt, denkt erneut an Selbstmord.	18
	Rudolstadt	Sommer: Darf nach zweimonatigem Sanatoriumsaufenthalt von Leipzig und seinen Eltern weg und ans Fürstliche Gymnasium „Fridericianum" Rudolstadt wechseln, wo sein einziger Freund Hanns Dietrich von Necker die Schule besucht.	
	Jena	17. Oktober: Duell zwischen Ditzen und Necker zur Tarnung eines doppelten Selbstmords, Ditzen überlebt schwer verletzt, Necker stirbt. Ditzen wird auf Totschlag angeklagt und in die psychiatrische Universitätsklinik Jena eingewiesen. Abbruch der gymnasialen Ausbildung ohne Abschluss.	
1912	Tannenfeld (Thüringen)	Februar: Eintritt in ein Privatsanatorium für „Nerven- und Gemütskranke". Intensiver Sprachunterricht in Englisch und Französisch durch Tante Ada, Adelaide Ditzen, die Schwester des Vaters. Oktober: Ditzen beginnt mit Romain Rolland zu korrespondieren, dem er auf Anraten Adas die Übersetzung zweier Werke auf Deutsch anbietet. Eingehende Beschäftigung mit der Weltliteratur unter Anleitung Adas.	19
1913	Vollmersheim (Thüringen)	1. August: Beginn der Ausbildung zum Landwirt auf Rittergut Posterstein, Ditzen erwirbt Kenntnisse in Gartenbau, Land- und Forstwirtschaft und überwindet seine Vereinzelung.	20

2.1 Biografie

JAHR	ORT	EREIGNIS	ALTER
1914	Leipzig	September: Freiwilliger Eintritt in das 19. Sächsische Trainbataillon, nach kurzer Dienstzeit als untauglich wieder entlassen. Fortsetzung der landwirtschaftlichen Ausbildung in Posterstein.	21
1915	Plathe (Hinterpommern)	August: Anstellung als 2. Inspektor und Rechnungsführer auf Gut Heydebreck.	22
1916	Stettin	1. März: Assistent der Landwirtschaftskammer von Stettin.	23
	Berlin	Oktober: Wissenschaftliche Hilfskraft in der neugegründeten Kartoffelbaugesellschaft. Erste Gedichte, ohne Möglichkeit der Veröffentlichung.	
1917	Berlin	August: Bekanntschaft mit dem Ehepaar Seyerlen. Ermutigung zur Arbeit am ersten Roman *Der junge Goedeschal*, in dem Ditzen seine Jugendjahre verarbeitet.	24
	Brehna (Sachsen Anhalt)	Rauschgiftentziehungskur im Sanatorium Carolsfeld bei Brehna.	
1918	Berlin	Ausscheiden aus der Kartoffelbaugesellschaft. Der Vater gewährt Ditzen ein Versuchsjahr als Schriftsteller, wenn er Berlin verlässt und ein Pseudonym wählt. Ditzen bleibt in Berlin und wird aufgrund der Trauer über den Tod seines Bruders im Krieg, der Unruhen der Novemberrevolution und der Behandlung von Magengeschwüren wieder morphiumsüchtig.	25

JAHR	ORT	EREIGNIS	ALTER
1919	Berlin	Frühling: Bekanntschaft mit dem Verleger Ernst Rowohlt. Zusage zur Veröffentlichung des Romans *Der junge Goedeschal.*	26
	Tannenfeld	April: Freiwillige Entziehungskurs im Privatsanatorium.	
	Halle	September: Fortsetzung der Entziehungskur in Carolsfeld bei Halle.	
1920		*Der junge Goedeschal* erscheint bei Ernst Rowohlt unter dem Pseudonym Hans Fallada. „Hans" aus dem Märchen *Hans im Glück*, „Fallada" aus dem Märchen *Die Gänsemagd,* Name des sprechenden Pferds der Königstochter, das lieber stirbt als zu lügen.	27
1920–1923	Mecklenburg Pommern Westpreußen	Rechnungsführer (Rendant) auf verschiedenen Gütern in Nordostdeutschland.	27–30
1923	Rügen	Rechnungsführer auf dem Hof Gudderitz seines Freundes Johannes Kagelmann.	30
	Bunzlau (Schlesien)	Rendant in Neu-Schönfeld bei Bunzlau. 12. Juli: Verurteilung zu drei Monaten Gefängnis wegen Unterschlagung zur Finanzierung seiner Morphiumsucht.	
	Radach (Neumark)	Herbst: Anstellung als Gutssekretär. Rowohlt veröffentlicht den zweiten Roman *Anton und Gerda.*	
1924	Greifswald	Juni–Okt.: Absitzen der dreimonatigen Gefängnisstrafe.	31
	Lübgust (Neustettin)	Anstellung als Rendant.	
	Neuhaus (Holstein)	Anstellung als Rendant.	
1925		18. Sept.: Selbstanzeige wegen erneuter Unterschlagung.	32

JAHR	ORT	EREIGNIS	ALTER
1926	Kiel	26. März: Verurteilung zu zweieinhalb Jahren Gefängnis.	33
1926–1928	Neumünster	Absitzen der Gefängnisstrafe.	33–35
1928	Hamburg	Arbeit als Adressenschreiber. Beitritt zur SPD. Bekanntschaft des Arbeiters Hans Issel in Abstinenzler-Verein. Verliebt sich in Suse, die 27-jährige Anna-Margarete Issel, Lagerarbeiterin.	35
1929	Neumünster	Umzug nach Neumünster. Ab Januar: Sekretär beim Wirtschafts- und Verkehrsverein.	
	Hamburg	Ab März: Annoncenwerber und Lokalredakteur beim *General-Anzeiger*. 5. April: Heirat mit Suse, Vorbild für Lämmchen.	
	Neumünster	Spätsommer: Prozessberichterstatter beim „Landvolkprozess" über Bauerndemonstrationen. Anregungen zur späteren Arbeit an *Bauern, Bomben und Bonzen*.	36
	Rügen	Begegnung mit Ernst Rowohlt, Beginn der Freundschaft mit dem Verleger.	
1930	Berlin	Fallada wird in der Rezensionsabteilung des Rowohlt-Verlags angestellt. Er entdeckt anhand der deutschen Übersetzungen, die Rowohlt herausgibt, die neuen amerikanischen Schriftsteller Ernest Hemingway, Sinclair Lewis und William Faulkner kennen und schreibt unter diesem Einfluss den Roman *Bauern, Bonzen und Bomben*. 14. März: Geburt des Sohnes Ulrich. Umzug nach Neuenhagen bei Berlin.	36

JAHR	ORT	EREIGNIS	ALTER
1931	Berlin	Juni: Rowohlt macht Konkurs und Fallada verliert 11.000 Mark Honorar.	37
		29. August: Gründung der Rowohlt Verlag GmbH als Auffanggesellschaft. Herbst: Rowohlt kann *Bauern, Bonzen und Bomben* publizieren. Erster Verkaufserfolg. Niederschrift von *Kleiner Mann – was nun?* innerhalb von 16 Wochen.	38
1932	Berlin	Februar: Rowohlt publiziert mit *Kleiner Mann – was nun?* einen Welterfolg und kann sich dank des breiten Verkaufs und der Übersetzungsrechte finanziell sanieren.	38
1933	Berlin	Zunächst Mitarbeit bei den Filmarbeiten von *Kleiner Mann – was nun?*, dann Rückzug des Namens vom Drehbuch. 30. Januar: Machtergreifung Hitlers. Fallada glaubt, das Regime halte sich nur kurze Zeit.	40
	Berkenbrück (Spree-Oder)	Umzug aufgrund der Schwangerschaft Suses. Ostersonntag: Verhaftung durch die SA. Haftentlassung nach elf Tagen aufgrund energischen Eingreifens Suses und Rowohlts.	
	Berlin	Umzug nach Berlin zum Schutz vor Verfolgungen. 18. Juli: Geburt zweier Mädchen, von denen eines stirbt.	
	Carwitz-Feldberg (Mecklenburg)	Kauf eines Hauses mit Grundstück in möglichster Abgeschiedenheit.	

JAHR	ORT	EREIGNIS	ALTER
1934	Carwitz-Feldberg	Publikation der Romane *Wer einmal aus dem Blechnapf frißt* und *Wir hatten mal ein Kind*.	41
	Berlin	September: Der „Zuchthauspornographie" beschuldigt, wird Fallada vom NS-Schriftstellerverband zum „unerwünschten Autor" erklärt, der weder im In- noch im Ausland publizieren darf. Rowohlt kann das Verbot durch Beziehungen außer Kraft setzen lassen. Fallada überlegt sich den Gang ins Exil, fühlt sich aber zu sehr mit der Heimat verbunden und bemüht sich im Weiteren, politisch weniger verfängliche Bücher und Kinderliteratur zu schreiben.	
1935	München	März: Fallada verschwindet nach München, Nervenzusammenbruch, 14-tägiger Klinikaufenthalt.	42
	Carwitz-Feldberg	Herbst: Erneuter Nervenzusammenbruch.	
	Berlin	Publikation des Romans *Das Märchen vom Stadtschreiber, der aufs Land flog.*	
1936	Berlin	Publikation des Romans *Altes Herz geht auf die Reise* und der Kindererzählungen *Hoppelhoppel, wo bist du?*	43
1937	Leipzig	14. April: Tod des Vaters Wilhelm Ditzen.	44
	Berlin	Publikation des Romans *Wolf unter Wölfen* über das Krisenjahr 1923. Zunächst gute Aufnahme mit Filmprojekt, dann massive Kritik.	

JAHR	ORT	EREIGNIS	ALTER
1938	Berlin	Juli: Ernst Rowohlt wird wegen „Tarnung jüdischer Schriftsteller" aus der Reichsschrifttumskammer ausgeschlossen, muss den Verlag verkaufen und verlässt Deutschland. Publikation des zeitkritischen Romans *Der eiserne Gustav* (nach einem abgebrochenen Filmprojekt) und der Kindererzählungen *Geschichten aus der Murkelei*.	45
	Carwitz-Feldberg	Filmdreharbeiten bei Fallada zu *Ein altes Herz geht auf Reisen* (Verbot 1939).	
1939–1945	Carwitz-Feldberg	Fallada beschränkt sich von nun an auf die Produktion von Büchern und Filmen zur Unterhaltung, so z. B. 1939 *Kleiner Mann, großer Mann – alles vertauscht* (als Film: *Himmel, wir erben ein Schloß*) und 1940 *Der ungeliebte Mann*. Wiederholte Sanatoriumsaufenthalte in unregelmäßigen Abständen.	46–52
1940	Carwitz-Feldberg	3. April: Geburt des Sohnes Achim.	47
1941	Berlin	Herausgabe der Autobiografie *Damals bei uns daheim*.	48
1943	Frankreich Tschechien	Nimmt im Auftrag des Propagandaministeriums an Fahrten des „Reichsarbeitsdienstes" nach Südfrankreich und in den „Sudetengau" teil, um darüber zu schreiben. Auftrag zur Bearbeitung des antisemitischen *Kutisker*-Stoffs über den Betrugs- und Bestechungsfall eines jüdischen Kaufmanns. Falladas Vertrag mit der Deutschen Verlags-Anstalt wird gekündigt.	50
	Carwitz-Feldberg	Streit mit Suse über Falladas Verhältnis mit der Haustochter Anneliese.	
	Berlin	Fallada zieht nach Berlin.	

JAHR	ORT	EREIGNIS	ALTER
1944	Berlin	Aufenthalt in den Kuranstalten Westend.	51
	Carwitz-Feldberg	Frühling: Beginn der Beziehung zu Ulla, der ebenfalls alkohol- und morphiumsüchtigen Witwe Ursula Losch. 5. Juli: Scheidung von Anna Ditzen. August: Fallada schießt in angetrunkenem Zustand auf seine geschiedene Frau, wird des Mordversuchs angeklagt, für unzurechnungsfähig erklärt und in die Landesanstalt Strelitz zwangseingewiesen.	
	Strelitz	September: Niederschrift des Romans *Der Trinker* und autobiografischer Texte.	
1945	Carwitz-Feldberg	1. Februar: Heirat mit Ursula Losch. Klinikaufenthalt.	52
	Feldberg	Mai–August: Bürgermeister von Feldberg im Dienst der sowjetischen Militärbehörde. September: Rücktritt und Klinikaufenthalt mit Ursula Losch.	
	Berlin	Oktober: Niederlassung in Berlin. Bekanntschaft mit dem Schriftsteller Johannes R. Becher, der ihm die Mitarbeit an der *Täglichen Rundschau* und im *Kulturbund zur demokratischen Erneuerung Deutschlands* ermöglicht.	
1946	Berlin	Fallada wird öffentlich der Zusammenarbeit mit dem Nazi-Regime beschuldigt (wegen Arbeit für das Propagandaministerium ab 1943). Aufenthalte in den Kuranstalten Westend und im Hilfskrankenhaus Marthastraße.	53

JAHR	ORT	EREIGNIS	ALTER
		Niederschrift der Romane *Der Alpdruck* über das Kriegsende und *Jeder stirbt für sich allein* über den inneren Widerstand gegen das Nazi-Regime. Herbst: Einweisung in die Nervenklinik Charité. Winter: Einweisung in ein Hilfskrankenhaus in Niederschönhausen (Pankow).	
1947	Berlin	10. Januar: Überweisung ins Hilfskrankenhaus Blankenburger Straße. 5. Februar: Tod an Herzversagen. Beisetzung im Schönholzer Friedhof.	53

2.2 Zeitgeschichtlicher Hintergrund

ZUSAMMEN-FASSUNG

→ In der Zeit der Romanhandlung erlebt Deutschland eine tief greifende Krise in vierfacher Hinsicht: politisch, ökonomisch, sozial und kulturell.
→ In der politische Krise wird die Weimarer Verfassung von drei erstarkten Kräften bedroht: den Nationalsozialisten, den Kommunisten und den Monarchisten.
→ Die ökonomische Krise ruft eine massive Arbeitslosigkeit hervor und stellt die sozialen Errungenschaften der Weimarer Verfassung in Frage.
→ In der sozialen Krise erlebt der neue Mittelstand der Angestellten dieselben Einbußen wie die Arbeiterschaft. Arbeiter, Angestellte und Kleinbürger setzen sich aber aufgrund ihrer vielfältigen Spaltungen nicht gemeinsam zur Wehr.
→ Die kulturelle Krise stellt das traditionelle Bildungsbürgertum in Frage. Auf die amerikanisierte Massenkultur reagiert die kulturelle und akademische Elite mit der Flucht in die Verinnerlichung, in die Tradition oder in die Sehnsucht nach einer neuen Volksgemeinschaft.
→ Als innovativste Strömung der Künste erweist sich die Neue Sachlichkeit, die den gesellschaftlichen und kulturellen Neuerungen auf illusionslos nüchterne Weise gerecht zu werden versucht.

Die politische Krise

Notverordnungen

Am 27. März 1930 lässt Reichspräsident Paul von Hindenburg eine Regierung ohne parlamentarische Mehrheit unter dem Zentrumspolitiker Heinrich Brüning bilden, die als Präsidialkabinett nur mehr per Notverordnungen regiert. Auf den Widerstand einer Mehrheit der Parteien hin muss Hindenburg am 14. September **Neuwahlen** zulassen, die völlig neue politische Verhältnisse schaffen: Stärkste Partei bleibt zwar die SPD mit 24,5 % der Stimmen, gefolgt nun aber von der NSDAP Hitlers, die als zweitstärkste Partei mit 18,3 % ihren Stimmenanteil gegenüber 1928 fast verneunfacht (!), danach kommen die ebenfalls erstarkte KPD mit 13,1 % und die Zentrumspartei mit 11,8 %. Zur Regierungsbildung fehlt wiederum eine parlamentarische Mehrheit, regiert wird deshalb weiterhin durch Notverordnungen, erlassen durch Präsidialkabinette unter Hindenburgs Regie.

Drei Feinde der Demokratie

Die Weimarer Verfassung von 1919, eine der fortschrittlichsten Europas mit dem Frauenwahlrecht, einem Katalog an sozialen Grundrechten und der Festlegung des 8-Stunden-Tags, wird von drei erstarkenden Kräften in Frage gestellt: den Nationalsozialisten, die einen totalitären Führerstaat anstreben, den Kommunisten, denen eine Revolution nach russischem Vorbild vorschwebt, und den Monarchisten, die zur alten Ordnung zurückkehren wollen. Letztere haben in jener Person einen Rückhalt, die eigentlich die verfassungsmäßige Ordnung schützen sollte, dem Reichspräsidenten Hindenburg.

Die politische Auseinandersetzung wird immer mehr durch die Kampftruppen dieser Kräfte außerhalb der verfassungsmäßigen Ordnung auf der Straße und in Saalschlachten ausgetragen, am heftigsten durch die Gewalt verbreitenden „Werbemärsche“ und „-fahrten“ der nationalsozialistischen „Schutzstaffel (SA)“, aber auch durch den kommunistischen „Roten Frontkämpferbund“, den monarchistischen „Stahlhelm / Bund der Frontsoldaten“ und sogar durch das hauptsächlich sozialdemokratische „Reichsbanner Schwarz-Rot-Gold“, das eigentlich mit dem Ziel angetreten ist, die Weimarer Verfassung zu schützen.

Die politische Lage scheint aussichtslos, und Falladas Roman *Kleiner Mann – was nun?* zeigt, wie in dieser Zeit kleine Leute kaum mehr politisch denken und handeln können.

Die ökonomische Krise

Weltwirtschaftskrise 1929

Die politische Aussichtslosigkeit ist hauptsächlich das Ergebnis der bedrohlichsten internationalen Wirtschaftskrise, die durch den Zusammenbruch der Aktienkurse an der New Yorker Börse am „Schwarzen Freitag“ des 25. Oktober 1929 ausgelöst wird. Deutschland hat nach der katastrophalen Inflation 1923 dank dem Dawes-Plan 1924 ein kurzes wirtschaftliches Aufblühen erlebt, bevor schon 1927/28 die Investitionen wieder zurückgehen, die Arbeitslosigkeit zunimmt, Kurzarbeit eingeführt wird und der Binnenkonsum stagniert.

Massenarbeitslosigkeit

Die große Abhängigkeit von amerikanischem Kapital, die der Dawes-Plan herbeigeführt hat, führt dazu, dass der New Yorker Börsen-Crash von 1929 Deutschland massiver trifft als andere europäische Länder. Die Arbeitslosigkeit verdoppelt sich allein in den drei Monaten von September bis Dezember 1929 von 1,3 Mio. auf 2,58 Mio. Und damit setzt eine ruinöse Abwärtsspirale ein: weniger Arbeitsplätze – weniger Nachfrage – weniger Produktion – weniger Arbeitsplätze – weniger Nachfrage usw. Im Dezember 1930 sind 4,38 Mio. arbeitslos, im Dezember 1931 5,66 Mio., im Februar 1932 ist mit 6,12 Mio. der Gipfel erreicht. Mehr als sechs Millionen Arbeitslose stehen zwölf Millionen Beschäftigten gegenüber. Im Frühjahr und Sommer 1932 setzt wieder ein leichter Aufwärtstrend ein, aber auf Kosten massiver Lohnsenkungen der Beschäftigten und der Armut der Arbeitslosen.

Arbeitslosenunterstützung wird ihnen nur während 39 Wochen gewährt; die darauf folgende Krisenfürsorge und die kommunale Wohlfahrtsunterstützung reichen gerade zum Überleben. Im September 1932 bekommen 1,1 Mio. Erwerbslose gar keine öffentlichen Zuwendungen mehr. Sie leben von Nachbarschaftshilfe und Almosen. In den Großstädten wie Berlin nehmen die halb- oder illegalen Tätigkeiten in der **Schattenwirtschaft** und die **Kriminalität** zu.

Unzureichende Sozialhilfe

Kleiner Mann – was nun? zeigt, wie rechtschaffene Leute wie Pinneberg und Lämmchen kaum mehr überleben können, während Heilbutts Geschäft in der Schattenwirtschaft floriert und Mia Pinneberg und Jachmann sich durch kleinkriminelle Machenschaften bereichern.

Die soziale Krise

Die Inflation von 1923 mit der Entwertung aller Ersparnisse betrifft vor allem den herkömmlichen Mittelstand und beraubt das Bildungsbürgertum seines sozialen Status. Der Dawes-Plan von 1924 führt die Amerikanisierung der Wirtschaft herbei: Konzern- und Trustbildungen führen zur Konzentration der deutschen Industrieproduktion und zum Anwachsen der Industriearbeiterschaft. Neue Fertigungsmethoden (Taylorismus) erlauben billigere Güter für den Massenkonsum, das führt zum Anwachsen des Tertiärsektors, der sich zudem aufgrund der sich aus der Weimarer Verfassung ergebenden Zunahme der sozialstaatlichen Institutionen ausdehnt.

Amerikanisierte Wirtschaft

Beides, Massenkonsum und Sozialstaat, lässt den neuen Mittelstand der administrativen, kaufmännischen und technischen Angestellten um ein Mehrfaches anwachsen. Das herkömmliche Kleinbürgertum hingegen beginnt zu schrumpfen, als „entscheidende

Verarmung des neuen Mittelstandes

neue Wirklichkeit des 20. Jahrhunderts"[1] wird der neue Mittelstand entdeckt. Die massive Wirtschaftskrise ab Ende 1929 trifft mit aller Härte sowohl die Arbeiter wie diese neuen Mittelschichten und das herkömmliche Kleinbürgertum. Am härtesten ist das Erwachen aber für die Angehörigen der neuen Mittelschichten, die sich zuvor als Privilegierte von den Arbeitern abgehoben fühlten und sich nun einer massiven **Proletarisierung**, d. h. Entrechtung und Verarmung, ausgesetzt sehen.

Entsolidarisierung der Gesellschaft

Sie sehen sich aber auch in der Krise nicht mit den Arbeitern verbunden. Die Arbeitslosigkeit führt zu einem enormen Druck nicht nur auf die Stellenlosen, sondern auch auf diejenigen, die noch Arbeit haben. Aber beide werden gegeneinander ausgespielt. Während die Spitzenvertreter der Wirtschaft geeint auf den Abbau des Sozialstaates hinwirken, bleiben die Opfer ihrer Maßnahmen gespalten: Stelleninhaber rivalisieren untereinander und wenden sich gegen die Arbeitslosen, Angestellte und Arbeiter befeinden sich gegenseitig, und beiden steht das herkömmliche Kleinbürgertum entgegen, dessen Angehörige oft als unbarmherzige Wohneigentümer und Ladenbesitzer auftreten.

Kleiner Mann – was nun? zeigt einen typischen Vertreter der neuen Mittelschichten, der die Spaltung der Bevölkerung durch die Krise erlebt, deren Opfer sich wechselseitig das Leben schwermachen, statt dass sie sich gemeinsam zur Wehr setzen.

Die kulturelle Krise

Der *american way of life*

Drei große Einbrüche erschüttern zu Beginn des 20. Jahrhunderts das deutsche Bildungsbürgertum als Träger der herkömmlichen kulturellen Werte: der Erste Weltkrieg und der Zusammenbruch der wilhelminischen Ordnung, die Geldentwertung 1923 und die

---

1 König, S. 12.

umfassende Krise ab 1929. Verschärft wird die Verunsicherung dieser Schicht durch die Amerikanisierung ab 1924, die nicht nur die Wirtschaft und das soziale Gefüge verändert, sondern auch die kulturellen Gepflogenheiten. Zum Hauptträger des neuen ‚american way of life' werden die stark angewachsenen neuen Mittelschichten.

Einer von Millionen von Arbeitslosen Anfang der 1930er Jahre in Berlin
© ullstein bild – Archiv Gerstenberg

Als Symbolträger der neuen Zeit gelten das Auto, das Radio und das Kino. Das Radio, 1923 eingeführt, zählt 1929 bereits drei Mio. registrierte Konzessionen, also ca. neun Mio. Hörer. Die 1926 durch General Electric eingeführten elektrischen Tonabnehmer für Schallplatten erlauben die rasche Verbreitung der Musik durch das Radio, das nun ganze Wohnblocks mit Unterhaltungsmusik berieseln kann. Das Kino wird zum „Theater der kleinen Leute"[2].

Auf beides reagieren Künstler, Literaten und Intellektuelle mit einer Mischung aus Faszination, Misstrauen und Verachtung. Als typisch für die neue amerikanische Lebensweise der Arbeiter und Angestellten in den Großstädten betrachtet der Soziologe und Kulturkritiker Siegfried Kracauer 1926 die Ablösung der Kultur durch den „Kult der Zerstreuung", bewirkt durch

> „die Anspannung der arbeitenden Masse – eine wesentlich formale Anspannung, die den Tag ausfüllt, ohne ihn zu füllen. Das Versäumte soll nachgeholt werden; es kann nur in der gleichen

2 Döblin, S. 71.

„Kult der Zerstreuung"

Oberflächensphäre erfragt werden (...). Der Form des Betriebs entspricht mit Notwendigkeit die des ‚Betriebs'."[3]

Dieselbe Zerstreuung finden die durch die tayloristische Betriebsführung konditionierten Arbeitnehmer neu auch in der Freikörperkultur und im Sport, wie Kracauer in seinem Essay *Das Ornament der Masse* aufzeigt: Die ‚Körperkulturproduzenten' suchen

> „die organische Verbindung der Natur mit etwas, das von den allzu bescheidenen Naturen für Seele oder Geist gehalten wird; das heißt, die Überhöhung des Körperlichen mit Bedeutungen, die ihm entstammen und zwar vielleicht seelisch sind, aber von Vernunft keine Spur in sich tragen."[4]

Flucht vor der Moderne

Gegenüber den wenigen Intellektuellen, Künstlern und Literaten, die diesen Phänomenen mit einer gewissen Offenheit begegnen, gibt es ein Vielzahl, die sie verdammen und einen entschiedenen Antimodernismus vertreten. Die kulturelle und akademische Elite flüchtet sich entweder in eine abgehobene Innerlichkeit oder in die Tradition und hält der modernen Gesellschaft die verloren gegangene „Einheit" entgegen, oder sie sucht ihr Heil in der Volksgemeinschaft eines neuen Deutschtums. So stehen einander zu Beginn der 1930er Jahre eine Vielzahl unterschiedlicher Welt-, Kunst- und Literaturauffassungen unverbunden oder in offenem Streit gegenüber.

Kleiner Mann – was nun? zeigt, wie die Pinnebergs und die Personenkreise um sie herum die Phänomene der neuen Massenkultur, Radio, Kino, Freikörperkultur, Illustrierte erleben, ohne sie zu reflektieren.

---

3 Kracauer, *Das Ornament der Masse*, S. 313 f.
4 Ebd., S. 62 f.

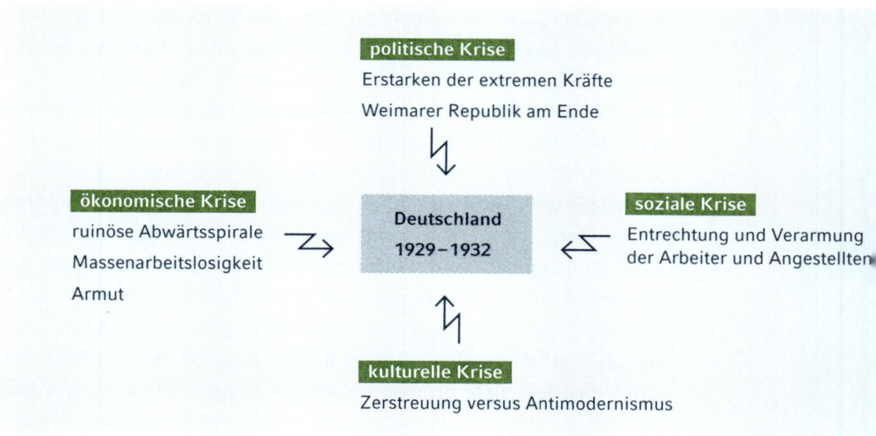

Die Neue Sachlichkeit

Nüchternheit und Realismus

Entsprechend den sozialen und kulturellen Verwerfungen der Krisenzeit stehen sich Anfang der 1930er Jahre auch in der Literatur eine Vielzahl verschiedener Strömungen gegenüber. Die größte Innovation aber bringt die Strömung der Neuen Sachlichkeit, die neben der Literatur (und oft noch vor ihr) auch in der bildenden Kunst, im Film, in der Fotografie und in der Architektur wirksam wird. Von der leidenschaftlichen Ausdruckskraft des Expressionismus, der von 1910 bis 1930 in den Künsten vorherrschend war, grenzt sich die Neue Sachlichkeit durch Nüchternheit und Realismus ab.

Ihre Vertreter lassen sich von den gesellschaftlichen und kulturellen Erneuerungen anregen und bemühen sich zugleich darum, ihnen mit illusionsloser, kühler Distanz zu begegnen. Der Stil soll sachlich, einfach und funktional sein, das verlangt in der Literatur ein weitgehend deskriptives, oft auch dokumentarisches Schreiben. Viele Autoren versuchen sich an den Darstellungsweisen der damals neuen Medien zu orientieren: Film, Radio, Kabarett, Revue.

Fokus auf die „kleinen Leute"

Im Zentrum der Darstellung stehen meistens „kleine Leute" im modernen Großstadtleben: Arbeiter, Sekretärinnen, Angestellte, Arbeitslose. Ihre Regungen und Handlungen werden auf unterkühlte Weise dargestellt. Die deutsche Literatur entdeckt das amerikanische Understatement, die ironisierende Abschwächung der Aussage, die dem verborgenen Gefühl gerade durch die bloße Andeutung eine größere Wirkung verschafft. Damit einher geht die Beschränkung der Darstellung auf die beobachtbaren Handlungsweisen, wie sie die Verhaltenslehre des amerikanischen Behaviorismus vertritt, der davon ausgeht, dass sich die inneren Prozesse der Menschen nicht erfassen lassen. Deshalb wird auch vor allem auf die für den Film typische szenische Darstellung mit vorherrschendem Dialog zurückgegriffen.

Kleiner Mann – was nun? stellt eine besondere Spielart der Neuen Sachlichkeit dar und nimmt nicht alle seine Darstellungsweisen und Inhalte auf.

2.3 Angaben und Erläuterungen zu wesentlichen Werken

ZUSAMMENFASSUNG

- → Das umfangreiche Werke Falladas lässt sich in fünf Kategorien einteilen: Frühwerk, Hauptwerk, autobiografische Schriften, Unterhaltungsliteratur und Kinderbücher.
- → Von zeitüberdauerndem Interesse sind nur die Romane des Hauptwerks, die Fallada vor und nach der Nazi-Diktatur oder im Widerstand gegen sie geschrieben hat.
- → Drei Grundmotive teilt ein Großteil dieser Romane mit *Kleiner Mann – was nun?*: Niedergang eines in sich gebrochenen Mannes, Halt verheißende Frauen, Schwierigkeiten kleiner Leute in Großstadt und Provinz.

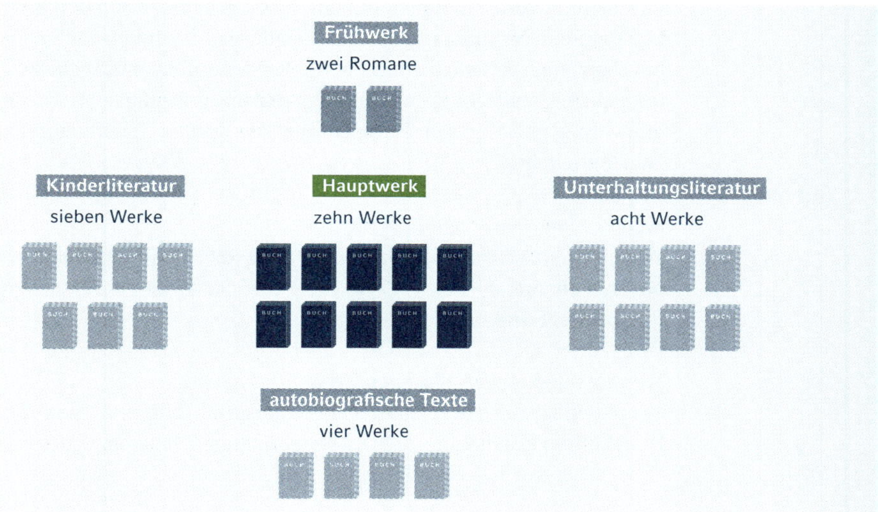

Das Frühwerk

Der junge Goedeschal, 1920

In Falladas Debüt mit autobiografischem Hintergrund erzählt der Protagonist Kai Goedeschal in einer bildreichen Sprache sein Leiden als pubertierender Obersekundaner in der Familie eines selbstgerechten Justizbeamten.

Erste starke Frau in Falladas Werk

Anton und Gerda, 1923

Ein auktorialer Erzähler zeigt die Liebesgeschichte zwischen einem 18-jährigen Abiturienten und der wesentlich älteren Prosituierten Gerda Loo. Sie ist die erste der starken mütterlichen Frauenfiguren in Falladas Werk.

Das Hauptwerk

Verarbeitung von Zeitgeschehen

Bauern, Bonzen und Bomben, 1931

Literarische Verarbeitung der historischen Ereignisse um den Boykott der Stadt Neumünster durch die schleswig-holsteinische Landbevölkerung, die Fallada 1929 als Berichterstatter einer Lokalzeitung verfolgt hat. Im Roman tut dies der orientierungslose Anzeigenwerber und Hilfsredakteur Tredup, der an den Machtkämpfen zugrunde geht.

Kleiner Mann – was nun?, 1932

Wie in *Bauern, Bonzen und Bomben* verarbeitet Fallada hier das Zeitgeschehen, nun der Jahre 1930–1932, in einer mecklenburgischen Provinzstadt und in Berlin.

Wer einmal aus dem Blechnapf frißt, 1934

Verarbeitung der persönlichen Gefängniserfahrung von 1926–28. Der Häftling Kufalt findet sich im bürgerlichen Leben nicht zurecht, weil der Gefängnisaufenthalt an ihm haften bleibt, und kehrt nach geplatzter Verlobung als Versager ins Gefängnis zurück.

Wir hatten mal ein Kind, 1934
Abstieg des Bauernsonderlings und Querkopfs Johannes Gäntschow von der Insel Rügen, den Fallada seinem Freund, dem Bauern Johannes Kagelmann, nachgebildet hat. Die Jugendliebe Christiane, die Gäntschow verliert, hat Ähnlichkeiten mit Lämmchen.

Wolf unter Wölfen, 1937
Im Inflationsjahr 1923 macht sich der mit seiner Mutter verkrachte stellungslose Glücksspieler Wolfgang Pagel mit zwei ehemaligen Kriegskameraden auf zum Rittergut Neulohe im Osten, erlebt dort als „Wolf unter Wölfen" den Kampf aller gegen alle und findet schließlich zu seiner Geliebten Petra Ledig und seiner Mutter zurück.

Jeder stirbt für sich allein, 1947
Das Ehepaar Otto und Elise Hampel, das 1940 bis 1942 in Berlin Postkartenflugblätter auslegte und denunziert wurde, wird im Roman zum Ehepaar Quangel, das in einem Klima der allgegenwärtigen Angst und des gegenseitigen Misstrauens Widerstand leistet.

Posthum veröffentlicht:
Der Alpdruck, 1947
Verarbeitung der Erfahrungen Falladas am Kriegsende: Der Schriftsteller Doll und seine deutlich jüngere zweite Frau Alma verlieren in der Zusammenarbeit mit den sowjetischen Besatzungsbehörden ihre Hoffnungen auf die „Befreier" und versuchen im kriegszerstörten Berlin eine neue Existenz zu finden.

„Königin Alkohol"

Der Trinker, 1950
1944 in der Haftzeit Falladas in der Landesanstalt Neustrelitz verfasst, verarbeitet im Untergang des Kaufmanns Erwin Sommer seine eigene Alkoholsucht. Der Protagonist gerät durch die „Königin Alkohol" auf die Höllenfahrt durch Anstalten und Gefängnisse und bringt sich mit der absichtlich herbeigeführten Ansteckung durch tuberkulöse Mithäftlinge der Heil- und Pflegeanstalt selbst um.

Ein Mann will nach oben. Roman, 1953
Ein Panorama Berlins über fast zwei Jahrzehnte, von 1909 bis Mitte der 1920er Jahre, anhand der Geschichte des Waisenjungen Karl Siebrecht, der vom Land in die Großstadt kommt und dort Karriere macht.

Drei Jahre kein Mensch, 1997
Sammlung von autobiografisch fundierten Erzählungen. 2005 neu veröffentlicht unter: *Sachlicher Bericht über das Glück, ein Morphinist zu sein.*

Autobiografische Texte

Autobiografische Texte

Damals bei uns daheim. Erlebtes Erfahrenes, Erfundenes, 1942
Kindheitserinnerungen.

Heute bei uns zu Haus, 1943
Familienleben in Carwitz mit der Frau Suse und den Kindern Uli, Mücke und Achim.

Posthum veröffentlicht:
Strafgefangener Zelle 32. Tagebuch 22. Juni – 2. September 1924, 1998

In meinem fremden Land. Gefängnistagebuch 1944, 2009

Unterhaltungsliteratur

Altes Herz geht auf die Reise. Roman, 1936

Unterhaltungsliteratur

Der eiserne Gustav. Roman 1938

Kleiner Mann – großer Mann, alles vertauscht oder Max Schreyvogels Last und Lust des Geldes. Roman, 1939

Der ungeliebte Mann. Roman, 1940

Das Abenteuer des Werner Quabs. Erzählung, 1941

Posthum veröffentlicht:
Zwei zarte Lämmchen – weiß wie Schnee. Eine kleine Liebesgeschichte. Erzählung, 1948

Die Stunde, eh' du schlafen gehst. Roman, 1954

Junger Herr – ganz groß (Der Jungherr von Strammin). Roman, 1965

Kinderbücher

Märchen vom Stadtschreiber, der aufs Land flog, 1935

Kinderliteratur

Hoppelhoppel – wo bist du? Kindergeschichten, 1936

Geschichten aus der Murkelei. Märchen, 1938

Süßmilch spricht. Ein Abenteuer von Murr und Maxe. Erzählung, 1938

Posthum veröffentlicht:
Fridolin, der freche Dachs. Eine zwei- und vierbeinige Geschichte, 1955

Pechvogel und Glückskind: ein Märchen für Kinder und Liebende, 2010

Themen und Motive aus *Kleiner Mann – was nun?* im Hauptwerk

Von zeitüberdauerndem Interesse sind nur die Romane des Hauptwerks, die Fallada vor und nach der Nazi-Diktatur oder im Widerstand gegen sie geschrieben hat.

Schwache Männer

Sie sind fast durchgängig geprägt durch das **Motiv des Niedergangs eines männlichen Protagonisten**, der an seinen inneren Widersprüchen ebenso zerbricht wie an den äußeren Widerständen. Wir finden es neben Johannes Pinneberg bei

- → Max Tredup in *Bauern, Bonzen und Bomben*, 1931
- → Willi Kufalt in *Wer einmal aus dem Blechnapf frißt,* 1934
- → Johannes Gäntschow in *Wir hatten mal ein Kind*, 1934
- → Dr. Doll in *Der Alpdruck,* 1947
- → Erwin Sommer in *Der Trinker*, 1950

Motiv-Achse

Jürgen Manthey sieht hier eine „Motiv-Achse des gesamten erzählerischen Werks“[5] Falladas, die darin besteht, „in den Analogien eines

---

5 Manthey, S. 94.

gestörten Einklangs mit der Welt, konkreter: mit der bürgerlichen Gesellschaft, immer wieder diesen verhinderten Einklang mit sich selbst darzustellen."[6]

Starke Frauen

Im Kontrast zum Motiv des in sich gebrochenen Mannes steht das **Motiv der Halt bietenden starken Frauen**: Viele verheißen den schwachen Männern eine Stütze zu sein, so neben Lämmchen auch

→ Gerda in *Anton und Gerda*, 1923
→ Elise Tredup in *Bauern, Bonzen und Bomben*, 1931
→ Hilde in *Wer einmal aus dem Blechnapf frißt*, 1934
→ Christiane in *Wir hatten mal ein Kind*, 1934
→ Petra Ledig in *Wolf unter Wölfen*, 1937
→ Anna Quangel, Trude Hergesell und Eva Kluge in *Jeder stirbt für sich allein*, 1947
→ Alma Doll in *Der Alpdruck*, 1947

Starke Frauen können aber so wie Mia Pinneberg auch selbstsüchtig und hinterlistig sein.

Ein weiteres Grundmotiv bilden die schwierigen **Lebensbedingungen kleiner Leute in Großstadt und in der Provinz**. Die Letztere birgt nicht weniger zerstörerische Widersprüche in sich als die Erstere. Nur im privaten Kreis der Familie mit kleinen Kindern finden die Figuren in Falladas Werken manchmal einen gewissen Frieden.

---

6 Ebd.

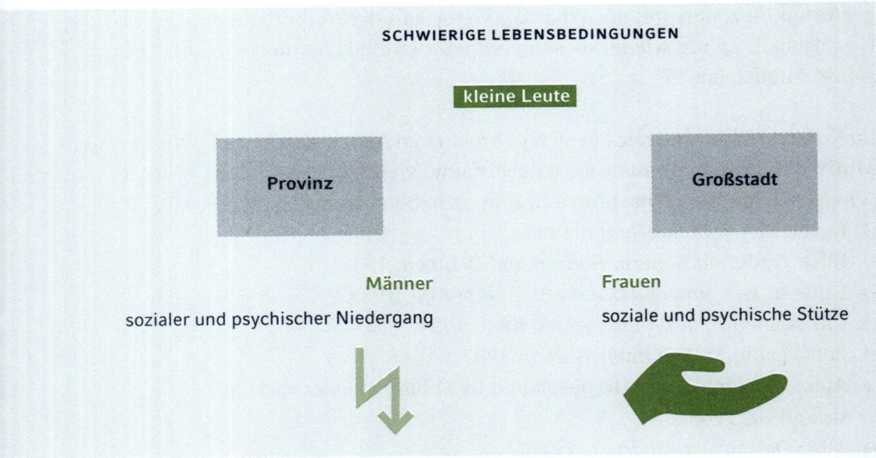
SCHWIERIGE LEBENSBEDINGUNGEN
kleine Leute
Provinz
Großstadt
Männer
sozialer und psychischer Niedergang
Frauen
soziale und psychische Stütze

3. TEXTANALYSE UND -INTERPRETATION

3.1 Entstehung und Quellen

ZUSAMMENFASSUNG

- → Fallada schreibt den Roman zwischen September 1931 und Februar 1932, in einer der wenigen glücklichen Phasen seines Lebens.
- → Er greift mehrere Motive aus dem eigenen Leben auf: seine beruflichen Erfahrungen als Angestellter in der Landwirtschaft, seine Begegnung mit der Arbeiterfamilie Issel sowie seine Ehe mit Suse, dem Vorbild für Lämmchen, und seine Vaterschaft für Uli, das Vorbild für Murkel.
- → Im Schreibstil lässt er sich durch die angelsächsische Literatur anregen, für Pinnebergs Erfahrungen im Warenhaus durch den Roman *Konfektion* von Werner Türk.
- → Zur Charakterisierung der sozialen Situation des „kleinen Mannes" Pinneberg greift er auf die Studie *Die Angestellten* von Siegfried Kracauer zurück.
- → In der szenischen Darstellung lässt er sich vom Film anregen.
- → Für den Plot des Films, den Pinneberg und Lämmchen mit Jachmann sehen, hat er sich auf Informationen über die Verfilmung eines Theaterstücks durch Jean Renoir 1931 gestützt.

Entstehung

Glückliche Lebensphase

Die Entstehung von *Kleiner Mann – was nun?* fällt in eine der wenigen glücklichen Phasen in Falladas Leben:

- → Durch seine Heirat am 5. April 1929 mit Suse, der 27-jährigen Lagerarbeiterin Anna-Margarete Issel, hat er eine liebende Frau und feste Stütze gefunden.
- → Im Spätsommer 1929 begegnet er auf Rügen seinem Verleger Ernst Rowohlt und findet in ihm einen zuverlässigen Freund.
- → Im Januar 1930 lässt er sich mit seiner Frau in Berlin nieder und arbeitet in der Rezensionsabteilung des Rowohlt-Verlags, wo ihm der Verleger genügend Zeit lässt, den Roman *Bauern, Bonzen und Bomben* zu schreiben.
- → Am 14. März 1930 wird dem Paar der kleine Ulrich, genannt Uli, geboren.
- → Im Herbst 1931 erlebt er mit *Bauern, Bonzen und Bomben* seinen ersten Verkaufserfolg.
- → Dieser erlaubt es ihm, sich im Winter 1931/32 für die Niederschrift von *Kleiner Mann – was nun?* ganz freistellen zu lassen.

Politik wurde vom Haupt- zum Nebenmotiv

Die Skizze zu *Kleiner Mann – was nun?* reicht Fallada Rowohlt im September 1931 ein. Es soll ein politischer Zeitroman über den Gegensatz zwischen Nationalsozialisten und Kommunisten werden. Im Lauf der Niederschrift treten jedoch die wirtschaftlichen Schwierigkeiten eines jungen Angestellten und sein Familienglück in den Vordergrund, die politischen Auseinandersetzungen bilden nur noch ein Nebenmotiv.

Fallada kann den Roman schon im Februar 1932 nach nur sechzehn Wochen Schreiben abgeben. Der Roman erscheint zunächst vom 20. April bis 10. Juni 1932 als Vorabdruck in der *Vossischen Zeitung* des Ullstein-Verlags. Kaum ist die Serie abgeschlossen, beginnt am 10. Juni die Auslieferung der Buchausgabe.

Autobiografische Anregungen

Die wichtigsten Anregungen bezieht Fallada aus seinem eigenen Leben:

Eigene Erfahrungen als Angestellter

- Er hat seit 1915 in verschiedenen Funktionen als Angestellter gearbeitet und kennt die Berufs- und Lebenssituation dieser sozialen Schicht aus eigener Erfahrung.
- Er ist ein Spezialist in Fragen der Landwirtschaft, insbesondere des Kartoffelanbaus, kennt also Betriebe wie die fiktive Getreide- und Kunstdüngerhandlung von Emil Kleinholz bestens.
- In seiner Frau Suse hat er eine sanfte und zugleich lebenstüchtige Partnerin gefunden wie Pinneberg in Lämmchen.
- In der Arbeiterfamilie Issel wird er trotz seiner Freundschaft zu Hans Issel als Angestellter ähnlich angefeindet wie Pinneberg in der Familie Mörschel.
- Die Schwangerschaft Suses wie die Geburt und die ersten Lebensjahre Ulis bilden vor, was Pinneberg mit Murkel erlebt.
- Als er im Winter 1931/32 von der Arbeit in der Rezensionsabteilung freigestellt wird, macht er mit dem kleinen Uli lange Spaziergänge und wird in seiner Nachbarschaft als „der Arbeitslose mit dem Kind“[7] bedauert.

Literarische Anregungen

Einfluss von Hemingway, Lewis und Faulkner

In der Schreibweise lässt Fallada sich vor allem durch sein großes Interesse an der **angelsächsischen Literatur** anregen: Schon mit siebzehn begeistert er sich für **Oscar Wildes' Bildnis des Dorian Gray** und nennt sich Harry nach dem Dandy Lord Henry Wotton. Oscar Wilde könnte auch Falladas Bevorzugung der szenischen Darstellung mit lebendigen Dialogpassagen beeinflusst haben.

---

7 Ebd., S. 87.

In der Rezensionsabteilung des Rowohlt-Verlags entdeckt er anhand der deutschen Übersetzungen, die Rowohlt herausgibt, die neuen amerikanischen Schriftsteller **Ernest Hemingway, Sinclair Lewis und William Faulkner** kennen und begeistert sich für ihre Erzählweise.

Da Fallada keine Erfahrungen als Verkäufer in einer Herrenkonfektionsabteilung hat, holt er sich wesentliche Anregungen im Roman ***Konfektion* von Werner Türk** (1932).

Werner Türks Roman *Konfektion* als Quelle

Der Name Bergmann des Besitzers des Kleiderladens in Ducherow erinnert an den Namen Bohrmann des Geschäfts für „Backfisch- und Damenmäntel" in Türks Roman. Der Name Mandel des großen Warenhauses erinnert an den Prokuristen Mendel im Geschäft Benno Bohrmann. Kessler erscheint als Nachbildung des Karrieristen Willi Krüger. Dessen Devise lautet: „Tüchtigkeit ist Rücksichtslosigkeit"[8], und er schafft es so, Prokurist und Mitinhaber von Benno Bohrmann zu werden. Stock schließlich, der unbestechliche Verkäufer, der entlassen wird und beim Arbeitsgericht eine Nachzahlung für unbezahlte Überstunden erreicht, erinnert an Joachim Heilbutt.

Theoretische Anregungen

Siegfried Kracauers *Die Angestellten*

Um sich ein genaueres Bild über die Lage der Angestellten zu machen, liest Fallada die Studie des Soziologen Siegfried Kracauer *Die Angestellten – Aus dem neuesten Deutschland*, die 1929 in der *Frankfurter Zeitung* erscheint und 1930 als Buch veröffentlicht wird. So können denn auch „deutliche Parallelen zwischen Kracauers Bild der Angestellten und dem Verhalten Pinnebergs und seiner Kollegen festgestellt werden."[9] Kracauer zeigt schon die wesentlichen

8 Türk, S. 43.
9 Wittenbrink-Nordenhem, S. 41.

Schwierigkeiten auf, mit denen der „kleine Mann“ Pinneberg zu kämpfen hat:

- → Die materielle Situation der Angestellten (gesteigerter Leistungsdruck, niedrige Entlohnung, drohende Arbeitslosigkeit) nähert sich denen der Arbeiter, von denen sie sich abzuheben versuchen.
- → Widerspruch der überlieferten berufsständischen Vorstellungen zu den tatsächlichen Verhältnissen.
- → Geistige Obdachlosigkeit, denn „das Haus der bürgerlichen Begriffe und Gefühle, das sie [die Masse der Angestellten, D. R.] bewohnt hat, ist eingestürzt, weil ihm durch die wirtschaftliche Entwicklung die Fundamente entzogen worden sind. Sie lebt gegenwärtig ohne eine Lehre, zu der sie aufblicken, ohne Ziel, das sie erfragen könnte.“[10]

Mit der Frage „Was nun?“ greift Fallada Kracauers These von der Obdachlosigkeit der Angestellten schon im Titel auf.

> „Angesichts der (…) zahlreichen Parallelen zwischen den von Kracauer geschilderten Zuständen und Falladas Figur kann auch Pinneberg als ein ‚Prototyp() der Zeit‘ angesehen werden, anhand dessen Schicksal sich das Schicksal eines ganzen Berufsstandes ablesen lässt.“[11]

---

10 Kracauer, *Die Angestellten*, S. 91.
11 Wittenbrink-Nordenhem, S. 46.

Filmische Anregungen

Tätigkeit als Filmkritiker

In der weitgehend szenischen Darstellung seines Romans lässt sich Fallada in *Kleiner Mann – was nun?* wesentlich von der Darstellungsweise des Films beeinflussen.

Als Annoncenwerber und Lokalredakteur beim *General-Anzeiger* musste Fallada 1929 regelmäßig Filmkritiken schreiben und wurde so mit einem Medium vertraut, mit dem ihn „eine tiefe Liebe“[12] verband und das um die Wende der 1920er/30er Jahre immer größere Bedeutung erlangte. Verstärkt wurde der Einfluss des Films auf sein Schreiben durch die Tendenz der vorherrschenden Strömung der Neuen Sachlichkeit, sich an den Darstellungsweisen der neu aufkommenden Medien zu orientieren.

Den zunehmenden Einfluss des Kinos zu Beginn der 1930er Jahre zeigt er zum einen darin, dass Pinneberg und Lämmchen beim Bezug der Zweieinhalb-Zimmer-Wohnung im Möbellager Puttbreeses „dem Kino auf das Dach“ (201,10 f.) steigen, denn die seltsame, nur noch über eine Leiter zu erreichende Wohnung ist entstanden, „weil sie das Kino eingebaut haben. Bis zur Tür von unserem Schlafzimmer geht der Saal vom Kino. Alles andere ist weg für den Kinosaal. Diese zwei Zimmer sind übriggeblieben, und kein Mensch hat gewußt, was damit anfangen.“ (202,27–30)

Die Pinnebergs kommen also dank des Umsichgreifens des neuen Mediums zu einer günstigen Wohnung.

Zum anderen wird der Kinobesuch, zu dem Jachmann sie einlädt, für sie zu einem entscheidenden Erlebnis, denn der „Kleine Mann“ (311,17) im Film ist eine Spiegelung Pinnebergs, nur dass seine Frau ihn mit dem Bankvolontär verlässt, dem „verräterischen Freund“ (314,12 f.).

---

12 Fallada, zitiert nach: Töteberg, S. 40.

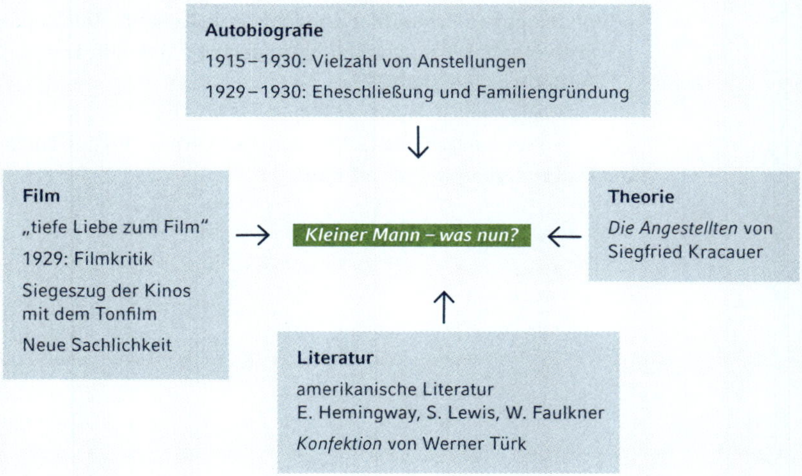

Parallelen zur Renoir-Verfilmung *Die Hündin*

Die Geschichte dieses zweiten „Kleinen Manns" und seiner besitzgierigen Frau, die ihn mit einem anderen verlässt, hat erstaunliche Parallelen zu *Die Hündin* (*La chienne*), der Verfilmung der gleichnamigen Theaterstück von Georges de La Fouchardière durch Jean Renoir 1931. Renoir fasst den Inhalt seines Films folgendermaßen zusammen:

> „Es geht, kurz gesagt, um einen kaufmännischen Angestellten, der auf die schiefe Bahn gerät: er greift seinem Arbeitgeber in die Kasse, um die Ansprüche einer kleinen Nutte zufriedenstellen zu können. Dieser Angestellte ist Amateurmaler, und die Kunsthändler entdecken, dass er nicht unbegabt ist. Sein ganzes Geld gibt er dem Mädchen, das einen in seinen Forderungen uner-

> sättlichen Liebhaber hat. Er entdeckt die Existenz des Zuhälters, und mit einem Brieföffner erdolcht er die Geliebte. Der Zuhälter wird verhaftet, für schuldig befunden und geköpft. Der wahre Mörder wird Clochard."[13]

Es könnte sein, dass Fallada 1931 von der Verfilmung der Theaterstücks durch Jean Renoir erfahren hat.

13 Renoir, S. 96.

3.2 Inhaltsangabe

ZUSAMMENFASSUNG

Beim Frauenarzt erfahren Johannes Pinneberg und seine Freundin Emma Mörschel, genannt „Lämmchen", dass diese schwanger ist. Sie heiraten und lassen sich in Ducherow, dem Arbeitsort Pinnebergs nieder. Er arbeitet in der Getreide- und Kunstdüngerhandlung von Emil Kleinholz, der einen seiner ledigen Angestellten mit seiner Tochter Marie verheiraten möchte. Als Kleinholz Pinnebergs Heirat entdeckt, entlässt er ihn. Der Entlassene kann weder auf die Solidarität seiner Kollegen, des Schürzenjägers Schulz und des SA-Mitglieds Lauterbach, noch auf die Unterstützung der Angestelltengewerkschaft zählen. Dafür ruft ihn seine Mutter Mia mit dem Versprechen einer Anstellung nach Berlin. Sie will sich von Lämmchen die Hausarbeit machen lassen. Auf dringendes Bitten verschafft ihr Geliebter, Jachmann, Pinneberg eine Anstellung als Verkäufer im Warenhaus Mandel. Als die jungen Eheleute erfahren, dass Mia Herrenabende mit Kuppeldiensten anbietet, ziehen sie bei ihr aus und zum Tischlermeister Puttbreese, der ihnen illegal zwei Zimmer über seinem Möbellager vermietet. Bei seiner Arbeit wird Pinneberg von seinen Vorgesetzten und seinem Kollegen Kessler schikaniert, während der erste Verkäufer Heilbutt ihm hilft und sich mit ihm anfreundet. Als Lämmchen im Krankenhaus einen Jungen zu Welt bringt, begleitet ihr Mann Heilbutt zu einem Kulturabend der Nudisten in einem Schwimmbad. Weil eine Zeitschrift ein Nacktbild Heilbutts veröffentlicht, wird er entlassen. Jachmann taucht eines Abends bei Pinnebergs auf, um sich bei ihnen einzunisten. Nach einem Kinobesuch und einem gemeinsamen Abendessen muss er plötzlich wieder verschwinden. Er lässt seine Koffer bei ihnen, weshalb Mia, die Jachmann nachstellt, sie verdächtigt, ihn zu beherbergen. Als Pinneberg einen bekannten Schauspieler zum Kleiderkauf drängt, wird er fristlos entlassen. Heilbutt, der nach seiner Entlassung einen florierenden Vertrieb von Nacktbildern aufgebaut hat, überlässt dem mittellosen Paar und ihrem Knaben Murkel sein Häuschen in einer Laubensiedlung 40 km außerhalb Berlins. Als Jachmann seine Koffer wieder holt, erfährt Lämmchen, dass er ein Jahr im Gefängnis war. Pinneberg muss regelmäßig aufs Arbeitsamt in Berlin, erlebt dort mehrfache Demütigungen und verzweifelt. Nur die Liebe zu Lämmchen und zu Murkel hält ihn schließlich aufrecht.

Vorspiel – Die Sorglosen

Lämmchen ist schwanger

An einem Sommertag Mitte Juli begleitet Johannes Pinneberg seine Freundin Emma Mörschel, genannt „Lämmchen", zur Untersuchung beim Frauenarzt in der (fiktiven) Stadt Platz an der Ostsee. Sie erfahren, dass Lämmchen im zweiten Monat schwanger ist. Ein Kind zu ernähren, erscheint Pinneberg zunächst unmöglich. Er fügt sich aber schnell und macht Lämmchen auf dem Weg zu ihrer Familie einen Heiratsantrag. In der Familie Mörschel ist Pinneberg nicht willkommen. Vater und Sohn sind zwar politisch zerstritten – der Vater Sozialdemokrat, der Sohn Kommunist –, sehen sich aber beide, wie die Mutter, als Proletarier im Gegensatz zu Pinneberg, den sie als Angestellten an der Seite der Unternehmer sehen. Emmas Mutter akzeptiert ihn, als klar wird, dass Lämmchen gut versorgt sein wird. Die werdenden Eltern machen Pläne für die Zukunft mit dem Kind, das sie Murkel nennen.

Erster Teil – Die kleine Stadt

Neuanfang in Ducherow

Nach der Hochzeit verlässt das junge Paar die „große Stadt Platz“ (35,10), um sich Anfang August in der Kleinstadt Ducherow niederzulassen, wo Pinneberg wohnt und in der Buchhaltung der Getreide- und Kunstdüngerhandlung von Emil Kleinholz arbeitet. Lämmchen zieht in das möblierte Zimmer ohne fließendes Wasser ein, das Pinneberg bei Frau Scharrenhöfer, einer einst wohlhabenden, in der Inflation von 1923 verarmten Witwe, mietet. Die junge Frau hat bei der Ankunft am Bahnhof bemerkt, dass ihr Mann seine Heirat zu verheimlichen versucht, und bringt ihn dazu, ihr den Grund zu gestehen: Pinneberg fürchtet, dass seine Heirat für seinen Arbeitgeber ein Grund sein könnte, ihn zu entlassen, denn Kleinholz hat ihn wie zwei seiner Kollegen angestellt, um einen Ehemann für seine über dreißigjährige Tochter Marie zu finden. Angesichts der immer deutlicheren Drohungen ihres Chefs, eine Stelle wegzurationalisieren, einigt Pinneberg sich mit seinen beiden ledigen Kollegen, dem Schürzenjäger Schulz und dem SA-Mitglied Lauterbach, darauf, dass sie alle kündigen, sobald einer entlassen wird. Als Kleinholz erfährt, dass Pinneberg verheiratet ist, und ihn entlässt, halten sich weder Schulz noch Lauterbach an diese Abmachung. Die Deutsche Angestellten Gewerkschaft erklärt sich außerstande, Pinneberg zu helfen, und sein früherer Arbeitgeber Bergmann, der jüdische Besitzer eines Kleiderladens, den er einst im Streit mit dessen Frau verlassen hat, will ihn nicht wieder einstellen, weil er die Reaktion seiner Frau fürchtet. Noch bevor Pinneberg Ende September bei Kleinholz ausscheiden muss, erhält Lämmchen einen Brief ihrer Schwiegermutter Marie „Mia“ Pinneberg aus Berlin. Sie hat sich ihr zuvor brieflich vorgestellt und wird nun eingeladen, mit ihrem Mann bei Mia Pinneberg einzuziehen, denn die Mutter habe ihrem Sohn eine Stellung im Warenhaus Mandel besorgt.

Zweiter Teil – Berlin

Eine Einladung mit Hintergedanken

In Berlin kommt heraus, dass Mia nichts für die Anstellung ihres Sohnes im Warenhaus Mandel unternommen hat, sondern die beiden herrief, um sich ihre Hausarbeit durch Lämmchen erledigen zu lassen und 100 Mark für das Zimmer zu beziehen, das sie dem Paar zur Verfügung stellt. Holger Jachmann, der undurchsichtige, aber gutherzige Liebhaber Mias, verspricht dem mittellosen Paar auf dessen dringende Bitte hin, Lehmann, den Personalchef des Warenhauses Mandel, zur Anstellung Pinnebergs zu bewegen. Lehmann ist trotz Personalstopp bereit, Pinneberg unter der falschen Angabe einzustellen, dieser werde als tüchtiger Verkäufer aus der Filiale in Breslau übernommen. Jachmann hat ihm offenbar angegeben, Pinneberg sei sein unehelicher Sohn.

Pinneberg als Verkäufer von Herrenmode

In der Abteilung für Herrenkonfektion, in der Pinneberg im Oktober als Verkäufer zu arbeiten beginnt, trifft er auf zwei gegensätzliche Kollegen: den hinterlistigen Karrieristen Kessler und den hilfsbereiten Spitzenverkäufer Heilbutt. Mit seinem ersten Gehalt kauft Pinneberg einen viel zu teuren Frisiertisch für Lämmchen, um ihr einen Herzenswunsch zu erfüllen. Jachmann hilft dem nun wieder mittellos gewordenen Paar aus der Patsche. Im Warenhaus versucht Kessler Pinneberg auszubooten, indem er ein Inserat herumreicht, in dem Mia Pinneberg Kuppeldienste für Herrenabende in ihrer Wohnung anbietet. Nur die Intervention Heilbutts kann verhindern, dass die Sache dem Abteilungsleiter Kröpelin oder seinem Vertreter Jänecke zu Ohren kommt.

Heimlicher Auszug bei Mia

Für Pinneberg, seit jeher mit seiner Mutter entzweit, ist das Inserat die Bestätigung, dass er sich endgültig von ihr trennen und eine neue Unterkunft suchen muss. Auf einer längeren Suche stößt Lämmchen zufällig auf zwei Zimmer einer einstigen Wohnung in Moabit, die bei einem Umbau des Hauses zum Kino übrig geblieben und nur über eine Leiter zu erreichen sind. Sie gehören zum Möbellager des Tischlermeisters Karl Puttbreese, eines Alkoholikers, der bereit ist, sie trotz feuerpolizeilichem Verbot relativ günstig zu vermieten. Das junge Paar zieht heimlich bei Mia Pinneberg aus, nur Jachmann bemerkt ihr Verschwinden und ist ihnen behilflich.

Unter Nudisten

Im Warenhaus steigt der Druck auf die Verkäufer. Ihnen droht Entlassung, wenn sie nicht eine bestimmte Verkaufsquote erreichen. Pinneberg hält dank der Hilfe Heilbutts durch, die beiden freunden sich an. Mitte März des neuen Jahres setzen die Wehen Lämmchens ein. Pinneberg begleitet sie ins Krankenhaus, kann aber nicht dort bleiben. In seiner Gespanntheit geht er zu Heilbutt, der ihn zum wöchentlichen Kulturabend seines Nudistenvereins in einem Schwimmbad einlädt. Während Lämmchen im Krankenhaus ihre Wehen erlebt, wohnt Pinneberg dem Treiben der Nudisten im Schwimmbad bei. Er will der Einladung Heilbutts, sich ebenfalls auszukleiden, nicht folgen, unterhält sich mit einer Frau, die die gleichen Hemmungen hat, und verlässt das Schwimmbad, ohne sich von Heilbutt zu verabschieden. Nach mehreren Telefonanrufen wird ihm schließlich mitgeteilt, die Geburt sei gut verlaufen. Erst im Krankenhaus erfährt er, dass das Neugeborene ein Knabe ist. Er erhält den Namen Horst, wird von den Eltern aber weiterhin nur Murkel genannt.

Murkel ist da

Heilbutts Entlassung

Im Bemühen um die Auszahlung des ihnen zustehenden Wochen- und Stillgeldes erfahren Lämmchen und Pinneberg, wie die Behörden die kleinen Leute schikanieren und dass diese sich eigentlich nur gemeinsam zur Wehr setzen könnten. Konkrete Konsequenzen hat diese Einsicht aber nicht. Im Geschäft wird Heilbutt im April auf Knall und Fall entlassen, weil er angeblich Nacktfotos von sich auf der Straße habe verkaufen lassen. Eine Zeitschrift für Freikörperkultur hat ohne seine Genehmigung das Bild des nackten Mannes mit germanischem Wurfspieß veröffentlicht. Er wird nun ein Geschäft zum Vertrieb von Nacktbildern aufbauen.

Jachmann nistet sich bei Pinnebergs ein

Eines Abends, als Pinneberg seine Arbeitsstätte verlässt, trifft er auf Jachmann, der sich an ihn hängt, Konfekt, Blumen und Delikatessen für Lämmchen einkauft und sich bei ihnen einnistet. Er lässt offen, ob er sich von der Polizei oder jemand anderem verfolgt sieht. Am nächsten Abend lädt er Lämmchen und Pinneberg ins Kino ein. Der Film zeigt das Schicksal eines Bankkassierers in ähnlichen finanziellen Nöten wie Pinneberg, nur dass der Kassierer im Unterschied zu Pinneberg sich auf unlautere Weise helfen lässt und trotzdem von seiner Frau verlassen wird, die ihn im Gegensatz zu Lämmchen mit ihren Luxuswünschen dazu getrieben hat, mehr Geld nach Hause zu bringen. Nach dem Abendessen will Jachmann mit dem jungen Paar in ein Nachtlokal, trifft unterwegs aber auf einen mysteriösen „Onkel Knilli" und muss sich unverzüglich von Pinneberg und Lämmchen verabschieden.

Jachmanns Koffer

Jachmann hat seine Koffer bei Pinneberg und Lämmchen gelassen, taucht aber nicht mehr auf, um sie zu holen. Dafür kommt Mia bei Lämmchen zu Besuch. Sie verdächtigt ihren Sohn, Jachmann zu beherbergen und droht mit der Polizei, aber Pinneberg verweist sie der Wohnung, sobald er nach Hause kommt. Im Geschäft wird der Druck auf die Verkäufer immer härter. Ende September wendet sich ein Kunde an Pinneberg, um sich eine ganze Reihe von Kleidungsstücken vorführen zu lassen. Pinneberg erkennt in ihm den Schauspieler Franz Schlüter, den er im Film über den unglücklichen Kassierer bewundert hat. Dank ihm hofft Pinneberg, seine Verkaufsquote erreichen zu können. Doch Schlüter wollte sich mit der Besichtigung der Kleider nur für eine neue Rolle inspirieren lassen. Er fühlt sich von Pinneberg bedrängt und beklagt sich beim Abteilungsleiter über dessen Aufdringlichkeit. Pinneberg wird fristlos entlassen. Alles scheint zu Ende für ihn.

Pinneberg wird entlassen

Little Man, What Now? Szene aus der US-Verfilmung von 1934 mit Douglass Montgomery und Margaret Sullavan in den Hauptrollen

Nachspiel – Alles geht weiter

Vierzehn Monate später wohnen Pinneberg und Lämmchen mit dem bald zweijährigen Murkel in einer Laube außerhalb Berlins. Die Behausung wird ihnen von Heilbutt überlassen, der formell eine kleine Miete dafür fordert, diese aber unter verschiedenen Vorwänden nie einzieht. Er hat Pinneberg angeboten, für seine florierende „Bilderzentrale" Nacktbilder unter die Leute zu bringen. Pinneberg hat es

Sozialer Abstieg

versucht, ist aufgrund seiner fehlenden Motivation aber erfolglos geblieben und lässt es sein. Er kümmert sich um Murkel und den mageren Haushalt und muss zweimal pro Woche im 40 km entfernten Stadtzentrum die 18 Mark wöchentliches Arbeitslosengeld abholen, die ihm zustehen. Das Arbeitsamt hat seinen Umzug in die Laube nicht gestattet, weil er dort keine Anstellung nachweisen kann. Offiziell wohnen Pinneberg und Lämmchen also immer noch beim Tischlermeister Puttbreese, dem sie zudem die noch ausstehenden Mietzahlungen abzahlen müssen. Die Nachbarn Pinnebergs, meist kommunistische Arbeitslose, beschaffen sich auf illegale Weise Brennholz. Er ist versucht mitzumachen, aber Lämmchen hindert ihn daran. Sie hält die Familie durch schlecht bezahlte Näh- und Flickarbeiten in der Umgebung über Wasser. Eines Tages muss Pinneberg bei der Frau des Fabrikanten Rusch 6 Mark für zwei Tage Näharbeiten einfordern gehen. Er erfährt den hartherzigen Egoismus einer Wohlhabenden, die ihn und Murkel mit zwei Zähne fletschenden Doggen vertreiben will. Da er sich nicht einschüchtern lässt und auf seinem Recht besteht, bekommt er das geschuldete Geld schließlich doch ausbezahlt.

Pinneberg verliert seine Selbstachtung

Nach einem seiner zweiwöchentlichen Gänge auf das Arbeitsamt geht Pinneberg auch bei Puttbreese und Heilbutt vorbei, um seine Mietschulden zu begleichen. Puttbreese demütigt ihn mit anzüglichen Bemerkungen, während Heilbutt ihm ein weiteres Mal die Miete erlässt und ihm für die Instandhaltung des Laubendachs Geld zusteckt. Heilbutt hat Lehmann, den nunmehr ehemaligen Personalchef im Kaufhaus Mandel, getroffen und von dessen Entlassung erfahren. Entlassungsgrund war Pinneberg, den er unter dem Vorwand einer Versetzung aus Breslau angestellt hatte, um den Personalstopp zu unterlaufen. Von Lehmann hat Heilbutt nun auch erfahren, dass Pinneberg auf Kesslers Betreiben hin verdächtigt wurde, die Toilettenwände des Geschäfts mit Hakenkreuzen zu beschmieren und eigentlich deshalb entlassen worden sei. Auf dem Heimweg von Heilbutt wird Pinneberg von einem Schutzpolizisten als arbeitsloser Herumtreiber schwer gedemütigt. Er verliert seine Selbstachtung und wagt Lämmchen nicht mehr unter die Augen zu treten.

Jachmann taucht noch einmal auf

Am Abend wartet Lämmchen vergeblich auf die Heimkehr ihres Mannes und macht sich Sorgen. Da taucht plötzlich Jachmann in einer Autotaxe auf. Er kommt seine Koffer holen, verbringt den Abend mit Lämmchen und erzählt ihr, dass er von Mia aus Eifersucht angezeigt wurde, ein Jahr im Gefängnis war und nun zu ihr zurückkehrt. Er mag sie für ihre Durchtriebenheit, die es ihr auch erlaubt hat, 30 000 Mark auf ihr Bankkonto zu schaffen. Jachmann bewundert Lämmchen für ihre gradlinige Rechtschaffenheit. Er ist überzeugt, dass Pinneberg zurückkommen wird und die beiden es schaffen werden.

Als er weggefahren ist, entdeckt Lämmchen ihren Mann, der sich aus Scham zwischen den Büschen im Garten versteckt hat. Sie erinnert ihn an ihre unverwüstliche Liebe zueinander und zu Murkel und bringt ihn dazu, in ihre Behausung zurückzukehren.

3.3 Aufbau

ZUSAMMENFASSUNG

- → Äußerlich ist der Text in zwei Hauptteile gegliedert, *Die kleine* Stadt und *Berlin*, die auf die gesellschaftlichen Bedingungen des Lebens des „kleinen Manns“ hinweisen.
- → *Vorspiel* und *Nachspiel* machen auf die Desillusionierung des „kleinen Mannes“ im Lauf des erzählten Geschehens aufmerksam: *Die Sorglosen – Alles geht weiter.*
- → Die Abfolge der fünf Unterkünfte der Pinnebergs gliedert den Roman in fünf Teile und verdeutlicht den Verlauf der Ehe- und Familiengeschichte.
- → Im Zentrum des Zeitromans stehen nicht bestimmte historische Ereignisse, sondern die gesellschaftlichen Bedingungen der Krisenzeit; deshalb lassen sich die zweieinhalb Jahre der Geschichte der Pinnebergs weder dem Zeitraum von 1929–1931 noch jenem von 1930–1932 eindeutig zuordnen.
- → Der Roman bevorzugt die szenische Darstellung; die Dialogpartien machen fast zwei Drittel des Textes aus. Sie werden durch Erzählpassagen miteinander verbunden, in denen auktoriales und personales Erzählverhalten ineinanderfließen.

Gliederung

Der Roman ist in **zwei Hauptteile** gegliedert, denen ein *Vor-* und ein *Nachspiel* voraus- bzw. nachgeht.

Provinz versus Großstadt

Die Zweiteilung in *Die kleine Stadt* und *Berlin* stellt **Provinz- und Großstadtleben** einander gegenüber und macht so darauf aufmerksam, dass **die gesellschaftlichen Bedingungen** des Lebens eines „kleinen Mannes" im Zentrum des Romans stehen.

Der Inhalt beider Teile zeigt, dass in beiden Lebensräumen **ähnlich schwierige Arbeits- und Lebensbedingungen** herrschen. In der Kleinstadt wie in der Metropole wird Pinneberg bei der Arbeit schikaniert und schließlich entlassen, beiderorts hat das junge Ehepaar Mühe, eine Unterkunft zu finden und zu bewahren.

Ausführlich-ironische Kapitelüberschriften

Die Titel von **Vor-** und **Nachspiel** sprechen die Haltung gegenüber diesen Bedingungen an: *Die Sorglosen* verweist auf eine gewisse **Arglosigkeit,** aber auch auf einen Optimismus der kleinen Leute, *Alles geht weiter* auf ihre **Ernüchterung**. Im Zentrum des Romans steht die **Desillusionierung** des „kleinen Mannes", die auch in der Frage des Romantitels „Was nun?" schon angedeutet wird.

Die **Kapiteleinteilung** untergliedert die größeren Abschnitte in noch einmal 51 kleinere von durchschnittlich 7½ Seiten: 3 für das *Vorspiel,* 12 für den *Ersten Teil,* 30 für den *Zweiten Teil*, 6 für das *Nachspiel.*

Jedem Kapitel steht eine zwei- bis dreizeilige Überschrift vor, die auf ironische Weise bloß andeutet, was geschehen wird, und so darauf neugierig macht.

Solchermaßen gestaltete Kapiteleinteilung und -überschriften dienen der **Leseerleichterung** vor allem umfangreicher Romane wie dem fast vierhundertseitigen *Kleiner Mann – was nun?.*

Zugleich sind sie typisch für einen **Roman in Fortsetzungsfolgen**, der über längere Zeit in einer Zeitung abgedruckt wird. Das ist mit *Kleiner Mann – was nun?* tatsächlich vom 20. April bis 10. Juni 1932 geschehen, als die *Vossische Zeitung* den Roman in 88 Folgen abgedruckt hat.

In beiden Fällen erleichtern die Kapitelüberschriften es den Lesenden, den Überblick zu bewahren und nach einer Lesepause wieder ins Lesen einzusteigen.

Der ironisch andeutungsvolle Ton der Überschriften verweist auf die **distanzierte Erzählhaltung**, wie sie die Strömung der Neuen Sachlichkeit anstrebt.

Raum

Vier Abschnitte, vier Handlungsorte

Die Gliederung des Romans in vier Abschnitte entspricht vier verschiedenen Orten der Handlung:

Vorspiel – Die Sorglosen
Das Paar heiratet in der **fiktiven Stadt Platz** an der Ostsee und ist eine Nacht gemeinsam **bei Mörschels**, der Familie Lämmchens.

Erster Teil – Die kleine Stadt
Das Paar wohnt bis zur Entlassung Pinnebergs durch Kleinholz in der **realen Kleinstadt Ducherow** in Mecklenburg-Vorpommern in einem Zimmer **bei der Witwe Scharrenhöfer**.

Zweiter Teil – Berlin
Das Paar wohnt in einem Zimmer **bei Mia Pinneberg**, dann in der Zweieinhalb-Zimmerwohnung **im Möbellager Puttbreeses**.

Nachspiel – Alles geht weiter
Vierzehn Monate später wohnt das Paar in einer **Laubensiedlung** außerhalb Berlins **in Heilbutts Laube**.

Abfolge der Unterkünfte

Wenn wir den Roman nach den jeweiligen Unterkünften der Pinnebergs gliedern, ergibt sich ebenfalls eine **Vierteilung**, allerdings verteilt auf die zwei Hauptteile des Romans und das *Nachspiel*:

1. bei der Witwe Scharrenhöfer in Ducherow
2. bei Mia Pinneberg in Berlin

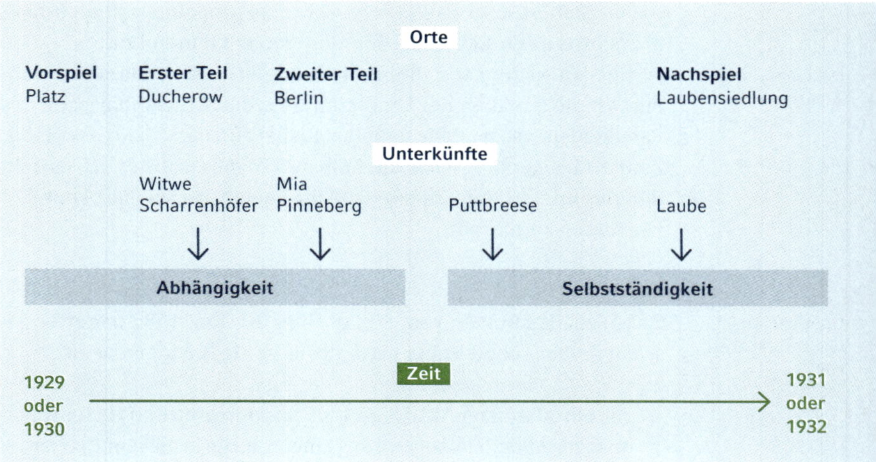

3. bei Puttbreese in Berlin
4. in Heilbutts Laube außerhalb Berlins

Die Unterkünfte haben gemeinsam, dass sie alle sehr bescheiden sind. In den ersten beiden bewohnt das Paar bloß ein Zimmer in Untermiete und ist abhängig von der jeweiligen Wohnungsinhaberin. In den beiden weiteren wohnt es in eigenen, wenn auch heiklen, vier Wänden und ist unabhängig. Bezüglich der Wohnverhältnisse tritt die **entscheidende Wende** also ein, als das Paar durch Kuppel-Aktivitäten der Mutter Pinnebergs in Gefahr gerät, endgültig mit ihr bricht und selbstständig lebt, nachdem auch schon die Verbindungen zur Familie Mörschel abgebrochen sind.

Dass die räumliche Ordnung des Romans durch die Abfolge der Unterkünfte der Pinnebergs bestimmt wird, lässt den Charakter des Romans als **Familiengeschichte** hervortreten: Die vier Unterkünfte bilden Stationen im Lauf der Bewährungsproben des jungen Ehepaars **unter den Lebensbedingungen der kleinen Leute**.

Das Atmosphärische des Familienlebens

Ebenso wichtig wie ihre Bedeutung für den Verlauf der Handlung ist die Funktion der Unterkünfte für **das Atmosphärische** des Familienlebens: „Fallada geht das Risiko ein, den ‚Gang der Handlung' zum eigentlich Nicht-Erzählbaren zu minimalisieren", es geht ihm darum, uns den „Alltag ganz unscheinbarer ‚kleiner Leute'"[14] vor Augen zu führen.

Zeit

Unmittelbarkeit und Gegenwärtigkeit

Dass Falladas Roman vom 20. April bis 10. Juni 1932 in der *Vossischen Zeitung* abgedruckt wird, bevor er als Buch erscheint,

> „ist ein adäquater Ausdruck des Unmittelbaren und Gegenwärtigen, der Alltäglichkeit und des Linearen, die in diesem Text angelegt sind. (…) Das Alltagsschicksal seiner Protagonisten erhielt eine wirkungsvolle Temporalität, entfaltete sich **in der aktuellen Zeit**. Ein doppeltes Involviertsein wurde so möglich: das der Romanfiguren in die aktuellste Gegenwärtigkeit und das der Leser in das Erzählte, das distanzlos als das eigene Zeiterleben nachvollzogen wurde."[15]

Umso erstaunlicher ist es, dass der Roman keinen Bezug auf einzelne, identifizierbare Ereignisse seiner Zeit nimmt. Fast seltsam mutet das **Überspielen der Reichstagswahl vom 14. September 1930** an, die die NSDAP zur zweitstärksten Partei im Reichstag macht. Indem Fallada dieses wichtige Einzelereignis gar nicht erwähnt, macht er deutlich, dass *Kleiner Mann – was nun?* zwar wohl ein **Zeitroman**

---

14 Prümm, S. 257.
15 Ebd. (Hervorhebung von mir, D. R.)

ist, aber weniger mit Bezug auf eine bestimmte Abfolge historischer Ereignisse als **in Hinsicht auf grundlegende gesellschaftliche Gegebenheiten der Krisenzeit**.

Unsichere Handlungszeit

Deshalb lässt er auch die Frage der genaueren zeitlichen Situierung auf geradezu systematische Weise offen. *Kleiner Mann – was nun?* enthält **keine Jahreszahlen**, die Auskunft darüber geben würden, in welchen Jahren die Handlung spielt. In der Sekundärliteratur wird sie meist auf die „Jahre 1930 bis 1932"[16] datiert. Das ist aber nicht zwingend. Es ist durchaus auch möglich, dass die Romanhandlung im Juli 1929 einsetzt und im November 1931 endet.

Fiele die Romanhandlung in den Zeitraum Juli 1930 bis November 1932, dann fände die Reichstagswahl statt, als Pinneberg in Ducherow schon entlassen ist und verzweifelt nach einer neuen Stelle sucht. Nimmt man dies an, ist es seltsam, dass weder Lauterbach, Pinnebergs Kollege und aktives SA-Mitglied, noch andere Personen um sie herum bzw. sie selbst Bezug auf den enormen Machtzuwachs der NSDAP nehmen.

Läge die Romanhandlung im Zeitraum Juli 1929 bis November 1931, würde Pinneberg zwei Wochen nach der Reichstagswahl bei Mandel entlassen. In diesem Fall sprächen Pinneberg und Lämmchen am 30. November 1929 über mögliche kommende Wahlen: „‚Ich weiß, was wir wählen.' / ‚Na und was? Kommunisten?' / ‚Natürlich.' / ‚Das wollen wir uns noch mal überlegen', sagt Pinneberg." (211,13–16) Dieser Dialog hätte im November 1929 eher einen Sinn als im November 1930, als die Wahlen gerade erst zweieinhalb Monate zurückliegen. Im März kündigt Pinneberg dann angesichts der behördlichen Schikanen der Krankenkasse an, „das nächste Mal wähle ich doch Kommunisten!" (285,21 f.) Aber gerade unter die-

---

16 Grisko, S. 5.

ser Annahme ist es erstaunlich, dass dann im September niemand auf die Wahl eingeht, die vorher zweimal angesprochen worden ist.

Das Verschweigen dieses entscheidenden Ereignisses könnte darauf schließen lassen, dass die Romanhandlung noch früher liege, also zwischen Juli 1928 und November 1930. Das ist jedoch ausgeschlossen, weil im November des „Nachspiels" von „sechs Millionen" (369,16) Arbeitslosen die Rede ist. So viele gab es Ende 1930 noch nicht, wohl aber Ende 1931, während es Ende 1932 wieder weniger waren. Letzteres konnte Fallada beim Abschluss des Romans im Februar 1932, noch gar nicht wissen. Fiele die Romanhandlung in die Jahre 1930 bis 1932, hätte er die Handlung im *Nachspiel* antizipiert.

Für die Annahme des Zeitraums von 1929 bis 1931 spricht die Möglichkeit, dass Fallada den kleinen Murkel ab „Mitte März" (256,3) zur Welt kommen lässt wie sein erstes Kind Uli, das am 14. März 1930 geboren ist.

Zeitliche Gliederung

Unabhängig von der Unentscheidbarkeit der Jahreszahlen präsentiert sich die zeitliche Gliederung folgendermaßen:

Vorspiel – Die Sorglosen
Mitte Juli, Nachmittag bis Nacht = ein Tag in drei Kapiteln

Erster Teil – Die kleine Stadt
Anfang August bis Ende September = zwei Monate in zwölf Kapiteln

Zweiter Teil – Berlin
Ende September bis Ende September = zwölf Monate in 30 Kapiteln

Nachspiel – Alles geht weiter
Novembertag, 14 Monate später = ein Tag in sechs Kapiteln

Linearität und Zeitsprünge

Der Text erzählt **in linearer Abfolge** die ersten zweieinhalb Jahre der Ehe zwischen Pinneberg und Lämmchen.

Aber die Ereignisse greifen nicht fortlaufend ineinander. Vielmehr gibt es zwischendurch immer wieder **kleinere und größere Zeitsprünge**, der längste von ihnen beträgt vierzehn Monate zwischen Pinnebergs Entlassung und dem Tag seiner Verzweiflung bei einem seiner Besuche in Berlin.

Die lineare Abfolge wird durch **zwei größere Rückwendungen** unterbrochen:

→ Als Lämmchen Mitte März im Krankenhaus der Geburt Murkels entgegengeht, denkt Pinneberg, allein zu Hause, daran zurück, wie sie sich im Juni des Vorjahres am Sandstrand von Lensahn, einem fiktiven Ort[17] an der Ostsee, kennen und lieben gelernt haben (235,7–238,2).

→ Im „Nachspiel“ erfährt Pinneberg von Heilbutt, was eigentlich hinter seiner Entlassung im Warenhaus Mandel steckte (anonyme Denunziation als angebliches SA-Mitglied) und was in den vierzehn Monaten seither bei Mandel geschehen ist (Entlassung des Personalchefs Lehmann). Eine typische **auflösende Rückwendung**, die das Schicksal Pinnebergs in ein neues Licht rückt.

Darstellungsweise

Filmische Darstellungsweise

Die 51 Kapitel folgen in ihrem Nacheinander und in ihrer Gestaltung dem gleichen Muster: Sie bilden **Szenen, in denen Dialoge vorherrschen**, und werden durch **erklärende Erzählberichte** einge-

---

17 Das tatsächliche Lensahn liegt in Schleswig-Holstein, also in der Gegend, in der Fallada seine Suse kennen- und lieben gelernt hat.

leitet, die den Zusammenhang zur bisherigen Handlung herstellen und angeben, welche Figuren sich nun wann und wo befinden.

Die Darstellungsweise des Romans lehnt sich so sehr nahe an jene des Films an: Typisch für den Film ist Darstellung der fortlaufenden Handlung in einer Abfolge von szenischen Sequenzen. Seine Kunst besteht darin, durch passende Schnitte die notwendige „Continuity" zu erreichen.

„Erzählen ist Weglassen"

Diese **filmische Darstellungsweise** hat Fallada vor allem 1929 in seiner Arbeit für den *General-Anzeiger* in Neumünster kennen und schätzen gelernt, als er regelmäßig Filmrezensionen zu schreiben hatte. Wenn er sich nun in *Kleiner Mann – was nun?* an sie anlehnt, folgt er auch dem **Vorbild des amerikanischen Romans**, mit dem er in der Rezensionsabteilung des Rowohlt Verlags vertraut wird. Hemingway zum Beispiel bewundert Fallada für seine distanzierte Sicht auf die Dinge:

> „Zeichnen ist Weglassen, auch Erzählen ist Weglassen. Es ist ganz ungeheuerlich, wie er das macht. (...) – Details über Details, Weglassen aller Gefühle, es gibt keinen Autor – (...) Er zeichnet nur ein paar Striche, gerade die Striche, die notwendig sind für die Kontur. Das andere überläßt er seinen Lesern, uns. Nun kommt es darauf an, wie wir zu den Dingen stehen."[18]

In *Kleiner Mann – was nun?* wird deshalb die **szenische Darstellung** mit der **Figurenrede im Dialog** zur vorherrschenden Technik der darstellenden Vermittlung. An die **zwei Drittel des Textes** sind Dialoge. Damit entspricht der Roman auch der größten filmtechnischen Erneuerung seiner Zeit, der Verdrängung des Stummfilms durch den **Tonfilm** zu Beginn der 1930er Jahre.

---

18 Fallada, *Ernest Hemingway oder Woran liegt es?*, S. 5.

Der Dialog hat hierbei wie im Film (und im Theater) mehrere Funktionen:

Funktion des Dialogs

→ eine dramatische, indem die Figuren die Handlung durch ihr Sprechen vorantreiben,
→ eine epische, indem die Figuren berichtend weggelassene Handlungsteile nachholen,
→ eine deutende, indem die Figuren die Situation, ihre Gegenüber und sich selbst kommentieren,
→ eine offenbarende, indem die Figuren aussprechen, was sie fühlen und denken,
→ eine charakterisierende, indem die Figuren durch Sprechweise und Stil ihre Persönlichkeit und soziale Zugehörigkeit zeigen,
→ eine atmosphärische, indem die Figuren sprechend eine bestimmte Stimmung schaffen.

Im Rückblick auf *Bauern, Bomben und Bonzen*, in dem Fallada das Ideal, „keinen Autor" fassbar werden zu lassen, noch konsequenter verfolgt, schreibt er in seinem zweiten Erinnerungsbuch *Heute bei uns zu Haus* 1943: „Wie ich darüber verzweifelt bin, daß ich nie ‚beschreiben' wollte, daß die ganze Entwicklung in Dialogform gegeben werden sollte!"[19]

Erzählverhalten

In *Kleiner Mann – was nun?* hat er dieses Ideal weniger konsequent verfolgt. Immer wieder führt **eine nicht fassbare Erzählinstanz** die Dialogszenen ein, situiert sie im Hinblick auf die Zeit, den Ort, die Personen und die Handlung im ganzen Geschehenszusammenhang.

Hierbei lässt die Erzählinstanz auf unauffällige, kaum merkbare Weise **auktoriales, personales und neutrales Erzählverhalten** ineinander übergehen.

---

19 Fallada, *Heute bei uns zu Haus*, S. 23.

Analyse des Romananfangs

Das zeigt sich gleich in der Exposition zu Beginn des ersten Kapitels:

Es ist fünf Minuten nach vier. Pinneberg hat das eben festgestellt. Er steht, ein nett aussehender, blonder junger Mann, vor dem Hause Rothenbaumstraße 24 und wartet.	**Auktorial:** Außensicht mit kommentierender Beschreibung
Es ist also fünf Minuten nach vier, und auf drei Viertel vier ist Pinneberg mit Lämmchen verabredet. Pinneberg hat die Uhr wieder eingesteckt und sieht erst auf ein Schild, das am Eingang des Hauses Rothenbaumstraße 24 angemacht ist. Er liest: Dr. SESAM Frauenarzt Sprechstunden 9-12 und 4-6	Innensicht mit erläuternder Angabe zur Situation Außensicht mit neutraler Beobachtung **Personal:** Wahrnehmung der Reflektorfigur Pinneberg
Eben! Und nun ist es doch wieder fünf Minuten nach vier. Wenn ich mir noch eine Zigarette anbrenne, kommt Lämmchen natürlich sofort um die Ecke. Lass ich es also. Heute wird es schon wieder teuer genug.	Direkte Wiedergabe der Gedanken Pinnebergs
Er sieht von dem Schild fort. Die Rothenbaumstraße hat nur eine neue Häuserreihe, jenseits des Fahrdamms, jenseits eines Grünstreifens, jenseits des Kais fließt die Strela, hier schon hübsch breit, kurz vor ihrer Einmündung in die Ostsee. Ein frischer Wind weht herüber, die Bäume nicken mit ihren Zweigen, die Bäume rauschen ein wenig.	Wahrnehmung der Reflektorfigur Pinneberg **Auktorial:** Sichtbericht mit wertendem Attribut („hübsch breit") und vermenschlichender Metapher („Bäume nicken").
(...) Pinneberg greift in die Tasche, holt aus dem Etui eine Zigarette und brennt sie an. (7,3-30)	**Neutral:** Kamerablick auf Pinneberg.

Vorherrschend bleiben im ganzen Roman das auktoriale und das personale Erzählverhalten.

Reflektorfiguren, die den Wahrnehmungs- und Bewusstseinshorizont der Darstellung im personalen Erzählverhalten bestimmen, sind in erster Linie **Pinneberg**, dann **Lämmchen** und verschiedentlich einzelne andere Figuren.

Im ersten Kapitel zum Beispiel wechselt die Wahrnehmung kurz von Pinneberg zum klein gewachsenen Dr. Sesam: „Er sieht zu ihr hoch. Sie hat sich ein bisschen ausgezogen, nur so angefangen, die Bluse und den Rock. Mit ihren schlanken Beinen steht sie sehr groß da." (11,1–3)

Auktoriales Erzählverhalten

Dieser Perspektivenwechsel ebenso wie kommentierende, wertende oder bildhaft verdeutlichende Wendungen und Wörter machen das **auktoriale Erzählverhalten** neben der **szenischen Darstellung** zum vorherrschenden Element der Darbietung, selbst wenn sich die Erzählinstanz nicht als eigentlichen Erzähler zu erkennen gibt.

Auktorial wirken auch jene Passagen, in denen die Erzählinstanz sich indirekt mit den Lesenden verständigt, so

- → durch die Kapitelüberschriften, die Allwissenheit bezeugen und ihr Wissen den Lesenden ebenso andeuten wie verhüllen, so z. B. gleich zu Beginn: „Pinneberg erfährt etwas Neues über Lämmchen und faßt einen großen Entschluß" (7,1 f.),
- → durch unterschwellig deutende Angaben zur jeweiligen Situation wie z. B.: „Dann kehren sie zu dieser Erde zurück" (27,23), oft eingeleitet durch deiktische Formulierungen wie: „Da sitzen sie beide, einander gegenüber. Es ist gewissermaßen eine Pause im Gespräch." (74,29 f.)
- → durch verallgemeinernde Kommentare wie: „Jedem Sonntag folgt sein Montag auf dem Fuße, man kann am Sonntagvormit-

tag um elf noch so fest glauben, er sei noch zwei Ewigkeiten ab." (96,28–30)

→ durch ironische Ausrufe und detaillierende Aufzählungen, die übertreibend die Stimmung der Szene charakterisieren, ohne einer bestimmten Figur zugeordnet werden zu können: „O Lauterbach! O Ernst! O du mein Ernst Lauterbach! / Ein blaues Auge, eins. Die linke Hand in einem Verband, zwei. Das Gesicht voll Schmarren, drei, vier, fünf." (98,23–25)

3.4 Personenkonstellation und Charakteristiken

ZUSAMMEN-FASSUNG

- → Um Pinneberg und Lämmchen bilden sich vier Personenkreise, beruhend auf den familiären, den nachbarschaftlichen, den beruflichen und den administrativen Beziehungen.
- → Alle Personenkreise stehen Pinneberg und Lämmchen in abweisender Distanz gegenüber, entweder in offener Feindschaft oder in gleichgültiger Anonymität.
- → Die Beziehungen innerhalb aller Personenkreise sind konfliktbeladen.
- → Mit entgegenkommendem Wohlwollen stehen Pinneberg und Lämmchen nur die beiden Außenseiter Jachmann und Heilbutt gegenüber.

Im Zentrum des Romans stehen der „kleine Mann" Johannes Pinneberg, seine Frau Emma, geborene Mörschel, genannt „Lämmchen", und ihr Söhnchen Horst, genannt „Murkel". Um sie herum bilden sich drei Personenkreise:

1. der Kreis der familiären Beziehungen,
2. der Kreis der nachbarschaftlichen Beziehungen,
3. der Kreis der beruflichen Beziehungen,
4. der Kreis der administrativen Beziehungen.

Familiäre Beziehungen

Die Familien Pinneberg und Mörschel

Vater und Mutter **Pinneberg** stammen aus dem **Kleinbürgertum** und nehmen zwei gegensätzliche Extrempositionen dieser Gesellschaftsschicht ein: Der Vater, früh verstorben, Bürovorsteher bei einem Rechtsanwalt, äußerst beflissen und ehrsam, die Mutter Mia, eine Halbweltdame, faul und zu jedem Mittel bereit, sich zu bereichern.

Die dritte Person in quasi-familiärer Beziehung zu Pinneberg ist **Holger Jachmann**, der Geliebte seiner Mutter. Er entstammt ebenfalls dem Kleinbürgertum, ist aber ein **Außenseiter**, der sein Leben als Hochstapler und Zuhälter fristet.

In der Familie **Mörschel** dagegen zeigen sich drei Figuren aus dem **Arbeitermilieu**: Die Mutter, eine schroffe Hausfrau, aufs bescheidene Durchkommen der Familie bedacht, der Vater, ein kampferprobter Sozialdemokrat, sowie sein Sohn Karl, ein aktiver, seinen Vater als „Sozialfaschisten" verachtender Kommunist.

Distanz und Konflikte

Beide Familien stehen Pinneberg und Lämmchen in abweisender Distanz gegenüber, entweder aufgrund sozialer und ideologischer Gegensätze (Mörschel) oder in Folge von Interessenskonflikten, die einem grundverschiedenen Lebenswandel entspringen (Mia Pinneberg).

Zu beiden brechen die Kontakte Pinnebergs und Lämmchens weitgehend ab, zur Familie Mörschel gleich nach der Heirat, zu Mia Pinneberg nach dem Wegzug aus ihrer Wohnung.

Beide Familien sind konfliktbeladen und bilden nicht die harmonische Einheit, wie Pinneberg und Lämmchen sie mit Murkel zusammen aufzubauen bereit sind.

Nur der Außenseiter Jachmann greift immer wieder ausgleichend ein.

Nachbarschaftliche Beziehungen

In **Ducherow** bewohnen Pinneberg und Lämmchen ein Zimmer bei der **Witwe Scharrenhöfer**, einer knochigen alten Dame mit verweinten Augen, die ihrem verstorbenen Mann und ihrem 1923 in der Inflation verlorenen Reichtum nachtrauert.

In **Berlin** ist das junge Paar zunächst zur Untermiete bei der Mutter Pinnebergs, dann beim **Tischlermeister Karl Puttbreese**, der trunksüchtig ist, anzügliche Bemerkungen über Lämmchen macht und Pinneberg demütigt, als dieser arbeitslos geworden ist.

In der **Laubensiedlung** außerhalb Berlins sind die Nachbarn **anonyme Arbeitslose**, untereinander verfeindet als Kommunisten und Nationalsozialisten. Die einzige persönliche Begegnung ergibt sich aus dem Gang Pinnebergs in die weitere Nachbarschaft zur Villa der Frau Rusch, der Ehefrau eines Fabrikanten, die Lämmchen für ihre zweitägige Flick- und Stopfarbeit sechs Mark schuldet. Sie begegnet ihm in offener Feindschaft.

Egoismus und gleichgültige Anonymität

Alle Nachbarschaftsbeziehungen Pinnebergs und Lämmchens sind konfliktbeladen, weil sie nur Leuten begegnen, die sie ausnutzen wollen oder ihnen in gleichgültiger Anonymität begegnen.

Nirgends finden Pinneberg und Lämmchen gute nachbarschaftliche Beziehungen, wie sie sie einzugehen bereit wären.

Berufliche Beziehungen

Vorgesetzte und Kollegen

Die Personen, die Pinneberg an seinen Arbeitsstellen umgeben, sind klar geschieden in Vorgesetzte und Kollegen. Zu allen Vorgesetzten und fast allen Kollegen steht Pinneberg in konfliktbelasteten Beziehungen, weil die einen ihn nur ausnutzen und niederdrücken, die anderen ihn überrunden und ausstechen wollen. Nur der Außenseiter Heilbutt greift immer wieder hilfreich ausgleichend ein.

Die Vorgesetzten

stehen durchweg in **Gegensatz** zum „kleinen Mann“ Pinneberg, selbst wenn sie ihm zu einer Anstellung verhelfen, wie Lehmann, der Personalchef im Warenhaus Mandel.

Emil Kleinholz, Chef der Getreide- und Kunstdüngerhandlung in Ducherow, ein Alkoholiker und Schürzenjäger, fürchtet die gewerkschaftlich organisierten Arbeiter und macht sich ein Vergnügen daraus, seine gefügigeren Angestellten gegeneinander auszuspielen, um ein Maximum aus ihnen herauszuholen.

Bergmann, der jüdische Besitzer eines Kleiderladens in Ducherow, schätzt Pinneberg, ist aber nicht bereit, ihn wieder einzustellen, weil er die Reaktion seiner mit Pinneberg verfeindeten Frau fürchtet.

Im Warenhaus Mandel in Berlin pressen alle Vorgesetzten ihre Angestellten aus bis hin zur Einmischung in ihr Privatleben: sowohl der **Personalchef Lehmann** wie der **Abteilungsleiter Kröpelin** und sein Vertreter **Substitut Jänecke** wie erst recht der neu hinzugekommene **Rationalisierer Spannfuß**, „Organisator der Firma Mandel“ (219,13 f.), der zu Pinneberg sagt: „Die Firma ermöglicht erst Ihr Privatleben, Herr! Erst kommt die Firma, noch mal die Firma, zum drittenmal die Firma, und dann können Sie machen, was Sie wollen.“ (333,3–5)

Die Kollegen

Streit, Missgunst, mangelnde Hilfsbereitschaft

Dieser Druck der Vorgesetzten sowohl im Kleinbetrieb von Kleinholz wie im großen Warenhaus Mandel führt bei den Angestellten zu Widerstreit und Missstimmung. In Ducherow lassen der **Weiberheld Schulz** und der **SA-Mann Lauterbach** Pinneberg im Stich, sobald er entlassen wird; im Warenhaus Mandel bemüht sich der **Karrierist Kessler** systematisch darum, seine Kollegen schlechtzumachen und auszustechen, allen voran Pinneberg und Heilbutt.

Heilbutt als positive Ausnahme

Joachim Heilbutt, erster Verkäufer, ist der Einzige, der sich dieser Logik nicht fügt, weil er in seiner Freikörperkultur eine ausgleichende Alternative findet.

Administrative Beziehungen

Gleichgültigkeit und Schikanen

Herr **Friedrichs**, Leiter der Geschäftsstelle der Deutschen **Angestellten-Gewerkschaft** in Ducherow, weist Pinnebergs Bitte um Hilfe bei der Arbeitssuche ab, weil der den Mitgliedern „am Ort" (108,32) gegenüber dem Zugezogenen den Vorrang gibt.

Das **Personal im Krankenhaus** lässt Lämmchen nach der Geburt als einen Fall unter vielen auf einer Tragbahre liegen, hat kaum Zeit für Pinneberg und macht sich über den jungen Vater lustig.

Die **Krankenkasse** hält das Wochen- und Stillgeld zurück, das sie den jungen Eltern schuldet, schikaniert sie mit großem administrativen Aufwand, bezahlt erst aus, als Pinneberg sich beim Aufsichtsamt beschwert, und stellt ihn dann als „Bummelant(en)" (284,6) hin, der die Verzögerungen selbst verschuldet hat.

Das **Arbeitsamt** bewilligt den Umzug der Pinnebergs in die Laube außerhalb Berlins nicht, obwohl die Mietkosten um zwei Drittel sinken würden und er Gemüse und Kartoffeln selbst ziehen könnte, so dass er illegal dort wohnt und zweimal wöchentlich 40 km zum Stempel ins Stadtzentrum fahren muss, was für die Hin- und Rückfahrt zwei Stunden ausmacht.

Der **Schutzpolizist**, dem Pinneberg auf dem Nachhauseweg vom Arbeitsamt begegnet, behandelt ihn als einen gesetzlosen Vagabunden, als er in die Vitrine eines Delikatessengeschäfts schaut, und vertreibt ihn aus dem Viertel, in dem Straßendemonstrationen stattgefunden haben. Pinneberg begreift, „daß er draußen ist, daß er hier nicht mehr hergehört, daß man ihn zu Recht wegjagt: ausgerutscht, versunken, erledigt." (380,2-4)

Eine **Ausnahme** als einzig hilfreiche Vertretung einer öffentlichen Institution bilden „eine alte jüdische Wohlfahrtspflegerin" (326,7) in der **Säuglingsfürsorge** und eine Schwester, die sie zu Pinneberg und Lämmchen schickt, um sie zu beraten, als Murkel seinen ersten Zahn bekommt und ununterbrochen schreit.

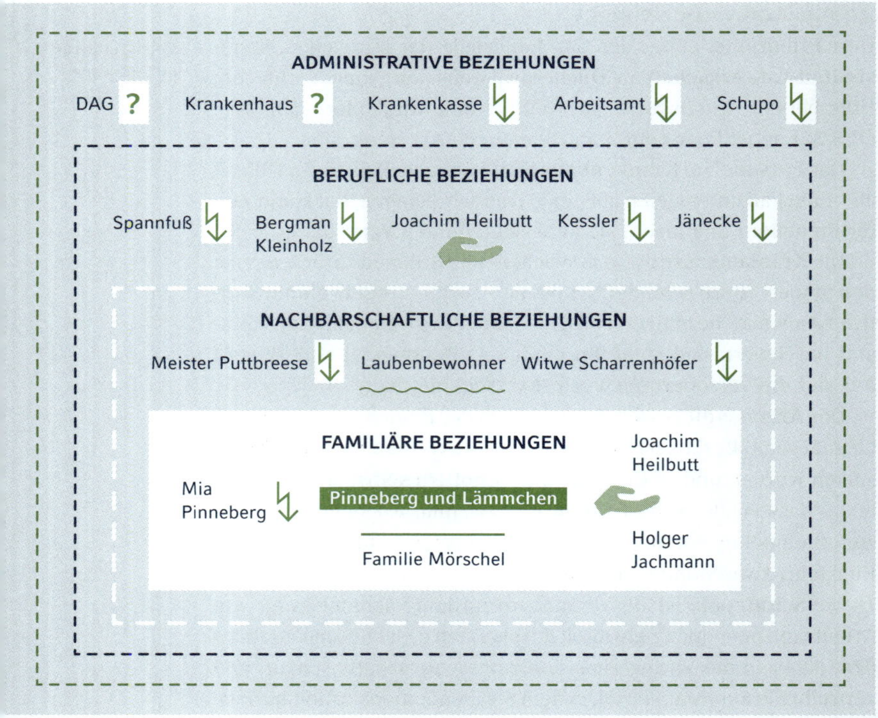

Zusammen-
fassung

Zusammengefasst lässt sich sagen, dass Pinneberg und Lämmchen in allen vier Personenkreisen eine **feindliche oder zumindest gleichgültige Welt** gegenübersteht. Der „kleine Mann" ist auch ein in seiner Welt isolierter, bedrängter und oft angefeindeter Mann.

Nur in der kleinen Zelle der Familie zu dritt mit Lämmchen und Murkel findet er schließlich einen Halt gegenüber der feindlichen Außenwelt.

Charakteristik der zentralen Figuren

Fünf Figuren stehen im Zentrum des Romans: Johannes Pinneberg, seine Frau Lämmchen, seine Mutter Mia Pinneberg, deren Liebhaber Holger Jachmann und Pinnebergs Kollege und Freund Joachim Heilbutt.

Johannes Pinneberg

Der „kleine Mann"

Johannes Pinneberg ist der „kleine Mann" des Romans, seine Titelfigur. Er ist zu Beginn der Handlung 23-jährig, heiratet die Arbeitertochter Emma Mörschel, wird mit 24 Vater des kleinen Horst, genannt Murkel, und ist zum Schluss der Handlung, als 25-Jähriger, ein verarmter und demoralisierter Arbeitsloser, der nur noch in der Liebe zu Frau und Söhnchen Halt findet. Für seinen Niedergang kann er nur insofern etwas, als er seine erste und sicher scheinende Arbeitsstelle beim Kleiderhändler Bergmann verlässt, weil er es unter seiner Würde als erster Verkäufer findet, jeden Tag die Post zu holen, und sich deshalb mit der Frau des Chefs verkracht. Diesen Berufsstolz, etwas Besseres zu sein, legt er immer wieder an den Tag, bis er als Arbeitsloser schließlich bereit ist, Kragen und Schlips abzunehmen, durch die er sich zuvor als Angestellter von den Arbeitern abgehoben hat. Bei der Arbeit will er immer alles bestens machen. Er ist gehorsam gegenüber seinen Vorgesetzten und fürchtet und hasst sie gleichzeitig. Er erträgt den losen Lebenswandel seiner Mutter so wenig wie Unordentlichkeit und Unrechtmäßigkeit im Beruf. Am wenigstens erträgt er Ungerechtigkeiten. Er kann aufbrausend reagieren, wehrt sich aber nicht dauerhaft dagegen und fühlt sich immer rechts- und schutzloser. Besonders heftig wird er, wenn er seine Frau Lämmchen unangemessen behandelt sieht. Er ist ihr gegenüber ein liebender Ehemann, der sie schützen und ihr jeden Wunsch erfüllen möchte. Zu

Murkel ist er ein fürsorglicher Vater, der es immer besser lernt, mit einem Kind umzugehen.

Lämmchen

Aschenputtel und ihr Prinz

Emma Pinneberg, geborene Mörschel, wird mit 22 Jahren schwanger und heiratet Johannes Pinneberg. Sie entstammt einer typischen Arbeiterfamilie und wird deutlich von diesem Milieu geprägt, steht von vornherein aber auch in einer gewissen Distanz zu ihr, denn sie sagt, sie sei „immer das Aschenputtel gewesen" (26,11 f.), habe nach ihrer Arbeit als Verkäuferin die Hausarbeit machen und sei von allen verachtet worden. Pinneberg ist der Prinz, der ihre bisher negierte Schönheit und Klugheit entdeckt. Sie wird zur Hausfrau und entspricht ganz dem (männlichen) Klischee einer Muster-Ehefrau: hübsch, mütterlich (mit großen Brüsten), sanft (wie ihr Kosename ankündigt), sauber, fleißig und sparsam. Im Lauf der Handlung offenbart sie aber immer deutlicher andere, persönlichere Qualitäten: Sie vertritt einen lebensklugen Optimismus, hat einen starken Rechtssinn, setzt sich energisch für dessen Durchsetzung ein und tritt allen Menschen vorurteilslos gegenüber, egal welcher Ruf ihnen vorauseilt, denn sie ist deutlich weniger dünkelhaft als ihr Ehemann. Für diesen wird sie im Lauf seines gesellschaftlichen Niedergangs zur immer wichtigeren Lebensstütze, aufgrund sowohl ihrer unverbrüchlichen Liebe zu ihm wie ihrer energischen Zuversicht und ihrer Bereitschaft, den Haushalt durch schlecht bezahlte Näh- und Stopfarbeit finanziell abzusichern. Im Unterschied zu Pinneberg macht sie eine Entwicklung durch vom braven Hausmütterchen zur moralischen und materiellen Stütze der kleinen Familie.

Mia Pinneberg

Kontrastfigur zur Lämmchen

Marie Pinneberg, genannt Mia, bildet den deutlichen Gegensatz zu Lämmchen. Sie war früher wohl eine Schönheit, davon zeugen aber nur noch die etwas zu blonden Haare und „gemalte, dunkle Brauen“ (124,25), während die „merkwürdig blassen, blauen Augen“ (124,23 f.) darauf hindeuten, dass sie schon etwas verlebt ist. Sie war früher Bardame mit mehr als bloß Barservice und lebt jetzt von feuchtfröhlichen Herrenabenden mit Damenpräsenz. Sie ist vergnügungssüchtig, sinnenfreudig, launisch, oberflächlich, ichbezogen, eifersüchtig, rachsüchtig, durchtrieben, berechnend, geldgierig und skrupellos, wenn es um die Durchsetzung ihrer Wünsche geht. Sie verachtet ihren Sohn (wie dessen verstorbenen Vater) für seine Rechtschaffenheit und hat schon 30.000 Mark auf ihr Bankkonto geschafft, während sie immer noch auf den 100 Mark besteht, die Johannes ihr für das Zimmer schuldet. Während ihr Sohn ihr seine Abneigung immer wieder kundtut und eigentlich mit ihr gebrochen hat, versucht sie ihn und seine Frau so lange wie möglich für sich einzuspannen.

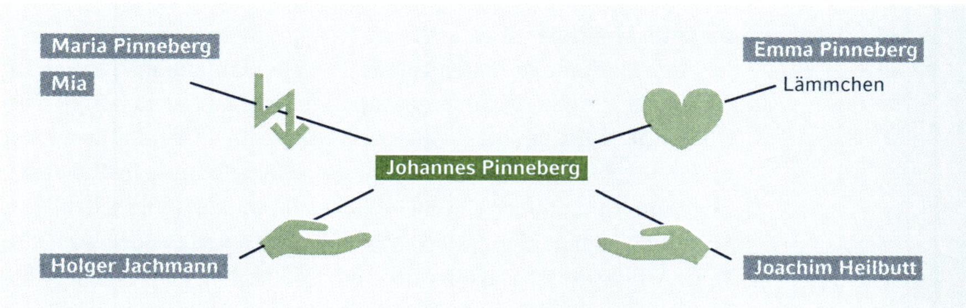

Holger Jachmann

Mias Liebhaber

Holger Jachmann ist der Liebhaber von Mia Pinneberg, „ein Hüne" (130,34), groß, breitschultrig, blauäugig, „mit einem starken, fröhlichen, graden Gesicht" (130,36–131,1), immer freundlich und hilfsbereit, kaum aus der Ruhe zu bringen, zwar vergnügungssüchtig, sinnenfreudig und oberflächlich wie Mia, aber weniger ichbezogen und berechnend als sie. Er hat immer viel Geld bei sich und geht großzügig damit um gegenüber Pinneberg und Lämmchen. Er liebt Lämmchen für ihre Gradlinigkeit und ihr offenes Wesen. Seiner Geliebten gegenüber ist er nicht nachtragend, obwohl sie ihn bei der Polizei verpfiffen hat. Er verbringt ein Jahr im Gefängnis, aufgrund von Schiebereien, weiß, dass er ein falsches Leben führt, kehrt aber doch wieder zu Mia zurück, denn er bewundert sie als „ein Aas, ein richtiges Biest, aber eine herrliche Frau" (299,31 f.), weil „sie so gierig ist und so egoistisch." (387,36–388,1)

Joachim Heilbutt

Pinnebergs Kollege und Freund

Joachim Heilbutt ist erster Verkäufer in der Abteilung Herrenkonfektion des großen Warenhauses Mandel. Er hat das Benehmen eines Gentlemans, höflich, souverän, locker, als Verkäufer geschickt und den schikanierenden Vorgesetzten gegenüber selbstbewusst. Gegenüber Pinneberg verhält er sich sehr kollegial und hilfsbereit. Als er wegen einer Fehlinformation entlassen wird, zögert er nicht, beim Arbeitsgericht Klage einzureichen, und erreicht schließlich, dass er entschädigt wird. Einen Ausgleich zu den Mühen bei der Arbeit sucht er in der Nacktkörperkultur. Er geht regelmäßig zum Kulturabend des Verbandes für Freikörperkultur im Schwimmbad und lässt sich auch fotografieren, was ihm im Warenhaus zum Verhängnis wird. Er sieht in der Arbeitslosigkeit die Chance, eine Bilderzentrale zum Vertrieb von Nacktbildern aufzubauen, und hat damit geschäftlichen Erfolg. Er unterstützt Pinneberg nicht nur, solange sie Kollegen sind, sondern auch, als dieser arbeits- und mittellos wird, indem er ihm Arbeit anbietet und seine Laube zur Verfügung stellt.

3.5 Sachliche und sprachliche Erläuterungen

In den folgenden Erläuterungen beziehen sich die Seiten- und Zeilenzahlen auf die Aufbau-Taschenbuchausgabe atb 2676 von *Kleiner Mann – was nun?* Die Stichwörter werden nur bei ihrem ersten Auftauchen genannt.

7,31	**plissierten**	in schmale Falten gepresst
10,34	**das Pessar, pl. Pessare**	Ring, der zur Empfängnisverhütung in die Scheide eingeführt wird
11,14	**Ducherow**	Ort im Landkreis Vorpommern-Greifswald, am Westrand der Ueckermünder Heide
11,15	**Platz**	fiktiver Ort an der Ostsee: „jenseits des Kais fließt die Strela (...) kurz vor ihrer Einmündung in die Ostsee" (7,20 f.)
12,15	**Die Tür ist zu.**	Die Schwangerschaft steht unwiderruflich fest.
13,9	**Nähren**	Stillen. Soll eine gewisse Sicherheit vor einer zu kurzen Schwangerschaftsfolge bieten, galt früher als Methode zur Empfängnisverhütung.
17,12	**flachst**	neckt, scherzt
17,32	**Presskohlen**	aus Pressung von Kohleklein oder Feinkohle gewonnene Braun- und Steinkohleziegel
18,6	**Tügs**	(niederdt.) Zeug, Kram
18,10	**Deern**	(niederdt.) Mädchen
18,14	**Backs**	Kurzform für Backpfeife, d. h. Ohrfeige
20,8	**Ütz (niederdt.)**	Frosch, Kröte (häufiger „Üütz" geschrieben)
21,29	**Volksstimme**	sozialdemokratische Tageszeitung (hier wohl jene aus Magdeburg und nicht aus Frankfurt/M)

22,35	**Deutsche Angestellten-Gewerkschaft**	Steht für den tatsächlichen *Gesamtverband Deutscher Angestellten-Gewerkschaften*. Später im Text DAG (109,16)
23,3	**Dackel**	Schimpfwort für Mitglied der Angestelltengewerkschaft
23,4	**gelber Verband**	Im Unterschied zu den roten, d. h. sozialdemokratischen und kommunistischen Verbänden, eine Gewerkschaft, die ein freundschaftliches Verhältnis zu den Unternehmern anstrebt.
23,19	**nicht 'ne Woche den Lohn stunden, sondern den ganzen Monat**	Während Arbeiter ihren Stunden-, Stück- oder Akkordlohn wöchentlich beziehen, haben Angestellte einen Monatslohn.
23,31	**Vorschuß genommen**	Pinneberg hat vor der Heirat mit Lämmchen geschlafen.
24,19	**Scheuerei**	scheu machen, abschreckende Dinge sagen
24,35	**Bourgeois**	abfällige Bezeichnung für Angehörige der gehobenen sozialen Schicht
25,1	**Kostgeld**	Beteiligung an den Haushaltskosten
25,5	**Sozialfaschisten**	Der Begriff des „Sozialfaschismus" wurde 1924 vom sowjetischen Politiker Grigori Sinowjew kreiert, um die Sozialdemokraten als „linken Flügel des Faschismus" zu bekämpfen.
25,6	**Sowjetjünger**	Als Gefolgsmann der Sowjetunion bezeichnet der Vater Karl, weil die deutschen Kommunisten sich ihre Politik von der Sowjetunion vorgeben lassen.
25,7	**Panzerkreuzerhelden**	Sobald sie 1928 Teil der Koalitionsregierung ist, verrät die SPD ihr Wahlversprechen, den Bau eines Panzerkreuzers abzulehnen.

25,21	**KPD**	Kommunistische Partei Deutschlands, verfolgt das Ziel einer Revolution nach dem Vorbild Russlands.
26,13	**Plätten**	Bügeln
27,24	**Jazzgequäk**	Jazz gilt in den 1930er Jahren, als der Swing vorherrscht, immer noch als Musik geringeren Werts.
32,26	**ich habe nichts da**	Pinneberg hat nicht zur Empfängnisverhütung bei sich.
37,17	**Inflation**	Geldentwertung, die 1923/24 die Ersparnisse von Millionen Deutschen vernichtete.
38,1	**Vertiko**	Zierschrank
39,36	**Stutzuhr**	Räderuhr mit Federzug, die verkürzt („gestutzt") ist, um auf Möbeln Platz zu finden.
42,13 f.	**Kartoffeln en gros und en détail**	Kartoffeln für den Groß- und den Einzelhandel
43,22 f.	**Bettsack**	Strohsack
45,26	**Etageren**	Gestelle für Bücher oder Geschirr
45,31	**Rabitzwand**	leichte Trennwand aus einem mit Gips verputzten Rundstahl-Drahtgerippe
46,1	**Riefen**	Rillen
46,22 f.	**Du hältst mir 'ne Frau**	Du bezahlst eine Putzfrau für mich.
47,8	**geklappert**	gefroren
47,9	**pikiert**	gekränkt, leicht beleidigt
48,3	**Glaspirol**	farbiger Vogel aus Glas
49,25	**Plüschportieren**	schwere Türvorhänge aus samtähnlichem Stoff
50,14	**Alpakakleid**	Kleid aus Reißwolle mit sehr kurzer Faser aus zerrissenem Mischgewebe

53,1	**Mystik**	hier: Geheimnis
54,4	**schiech**	scheu, verzagt, abscheulich, hässlich
56,1	**Hümpel**	(niederdt.) Menge von etwas
58,7	**Judenwirtschaft**	ursprünglich Wirtschaft mit besonderen gesetzlichen Auflagen, hier: antisemitisches Schimpfwort
58,8	**rein arischen Betrieb**	Schon vor der Machtübernahme der Nationalsozialisten bemühten sich deren Anhänger und Sympathisanten darum, Juden aus ihren Betrieben auszuschließen.
58,28	**Reichsbanner**	Wehrverband zur Verteidigung der Weimarer Republik mit deren Farben Schwarz-Rot-Gold im Banner
59,3 f.	**Katzenköpfe**	hier: kräftige Schläge auf den Hinterkopf
60,6	**Schickse**	nichtjüdische, leichtlebige Frau
60,7	**Memme**	verweichlichte, feige Person
61,9	**mit geschlossenem Verdeck**	verdeckterweise
	Ringhand	rechte Hand, in Deutschland für Rechtschaffenheit
61,24	**Chuzpe**	(jiddisch) Frechheit, Anmaßung
62,14 f.	**Reitsaal**	länglicher Saal
62,33	**Möl**	(niederdt.) Unordnung, Durcheinander
64,9	**Siphon**	Zapfflasche für kohlensäurehaltige Getränke
64,12 f.	**gekauzt und gemauzt**	geknurrt wie ein Hund und gemaut wie eine Katze
64,18	**einen aus der Buddel sausen ließ**	einen aus der Flasche preisgab
66,10	**Tivoli**	Vergnügungsstätte, Gartentheater
67,16	**dunnemals**	(berlin.) damals

67,22	**nöckrigen**	verdrossenen, launischen
68,33	**Knubben**	kleiner Mensch
69,8	**weißfleischige Silesia**	Kartoffelsorte
69,18	**SA-Werbefahrt**	gewalttätige Propagandaoperation der Sturmabteilung der Nationalsozialisten zur Einschüchterung ihrer Gegner
69,20	**Welschen**	hier: abwertende Bezeichnung für die Franzosen, die Deutschland im 1. Weltkrieg besiegt haben
	Reparationen	dem im 1. Weltkrieg besiegten Deutschland durch die Siegermächte auferlegte Wiedergutmachungszahlungen in Milliarden
	Sozis	Sozialdemokraten
69,29	**Sturm**	Abkürzung für die Sturmabteilung (SA) der Nationalsozialisten und zugleich Zug dieser Kampftruppe
70,6	**Allgemeiner Sabe**	Abkürzung für Allgemeiner SA-Befehl
	Gruf	Abkürzung für Gruppenunterführer der SA
70,10	**Sturmnummer**	Jeder Sturm (= Zug) der SA hat seine Nummer.
71,5	**Ladnerinnen**	Verkäuferinnen
71,15	**Kontokorrent**	Buchführung über die beiderseitigen Leistungen von Geschäftspartnern
71,25	**gescherbelt**	ausgelassen und mit Schwung getanzt
71,29	**du sohlst**	(preuß.) du lügst
71,31 f.	**mit Ei**	hochwertig
71,32	**Reichswehr**	Streitkräfte der Weimarer Republik
73,6	**Rufisque**	afrikanische Erdnüsse benannt nach dem senegalesischen Exporthafen Rufisque
73,27	**präpeln**	essen, schlemmen, schmausen

74,9	**seidefrei**	Das Windengewächs Kleeseide (*Cuscuta trifolii*) beeinträchtigt als sich fadenförmig um die Kleepflanze windende Schmarotzerpflanze die Kleeernte.
75,8 f.	**zwiebelt**	schikaniert
78,30	**Salomo**	Der jüdische König des vereinigten Israel im 10. Jh. v. Chr. gilt als Verkörperung der Weisheit.
79,30	**Schluse**	Hülse, Schale
82,14 f.	**Absackvorrichtung**	Gerät zum schnellen und einfachen Abfüllen von Säcken
83,6	**Schurre**	Rutsche
83,12	**Ausschlag**	Messabweichung beim Ausschwingen der Schwebewaage
83,35	**schofelster**	(jidd.) niedrigster, schäbigster
84,24	**zach**	schäbig, kümmerlich
84,32	**kiekt**	(norddt.) guckt
84,35	**Neese**	(berlin.) leer ausgehen, nicht berücksichtigt werden
85,35	**aus der Tüte**	außer sich
86,9	**Is Tarif**	Das ist im Tarifvertrag festgelegt.
86,13	**Mausehaken**	jemand, der gerne stiehlt
86,24	**sich 'nen weißen Fuß machen**	sich bei jemandem beliebt machen
86,33	**Bock**	hier: Weiberheld, Lüstling
87,2	**vertrimmen**	verprügeln
90,18	**Werbemarsch**	vgl. 69,18 SA-Werbefahrt
91,5	**burren**	lautmalend: ein dunkel tönendes, mit schneller Bewegung verbundenes Geräusch von sich geben

91,31	**klamüsert**	studiert genau
96,22	**Malesche**	(norddt.) Unannehmlichkeit, Ärger
97,33	**Schwoof**	Tanz
98,25	**Schmarren**	Wunden
98,29	**Knockout**	zu Boden geschlagen, k. o.
100,31	**Nese Mohn**	Nase rot
101,13	**Klapper**	hier: Mühle
102,17	**Saldo**	Differenz zwischen Soll und Haben in der Abrechnung
102,17 f.	**Debet**	Schuld (Soll) in der Abrechnung
104,8	**mit einem Avec**	mit Schwung
104,32	**abnibbeln**	(berlin.) hier: abtreten, weggehen
105,1	**Palmengrotte**	exotische Bar mit Animierbetrieb
105,19	**olle Schneppe**	verlottertes Mädchen, Prostituierte
106,20	**weint ihren richtigen Törn runter**	weint sich aus
107,5 f.	**Hosianna**	(hebr.) wörtl.: Hilf doch!, hier: Jubelruf
107,34	**Windfege**	Getreidereinigungsmaschine, die das Getreide durch einen Luftstrom von Staub und Strohresten befreit
113,7	**beschupsen**	betrügen
113,25	**begöscht**	(norddt.) beschwichtigt
116,13	**Jünger Stephans**	Postbote, nach dem Begründer der Reichspost, Heinrich von Stephan
123,28	**Schupo**	Schutzpolizist
124,18	**Teebutter**	Butter höchster Güteklasse
124,35	**Puttchen**	hilflose junge Frau
125,12	**Flanellunterwäsche**	ländliche Unterwäsche aus weichem, aufgerautem Wollgewebe

125,13	**Walküre**	Botinnen des Gottes Wodan, hier: stattliche Frau
125,21	**Paketfahrt**	größte Speditionsfirma in Berlin
127,20	**Schmu**	leichter Betrug
129,10	**Putten**	Kindesengel, d. h. kleine nackte Knaben, meist mit Flügeln
129,16	**Louis XVI.**	Möbelstil 1760–1790
129,17	**Rokoko**	Möbelstil 1730–1770
130,3	**Aufwartung**	Haushaltshilfe
130,15	**Schwadronen**	hier: große Mengen
131,21	**Ata**	Haushaltsreiniger von Henkel (heute Sidol ATA)
133,8	**Ecartékarten**	Karten für eine Kartenspiel zu zweit
133,16	**Paletot**	leicht taillierter, zweireihiger Herrenmantel, oft mit Samtkragen
133,37–134,1	**Knochenmühle**	Betrieb, in dem sehr hart gearbeitet wird
134,11	**Ich gründe Sie**	Ich baue Sie auf
136,29	**Alex**	Alexanderplatz
136,30 f.	**zeigen, wieviel Zinken die Harke hat**	zeigen, was gilt
140,31	**devot**	ehrerbietig, unterwürfig
144,9	**tüffelt**	(niederdt.) schlurft, latscht
144,24	**Massel**	unverhofftes, unverdientes Glück
144,34	**koscher**	(jidd.) einwandfrei, in Ordnung
146,2	**Dunität**	(niederdt.) Trunkenheit
146,28	**Winterulster**	Wintermantel aus Ulster, einen groben, aufgerautem Streichgarn

147,36	**Afa-Bund**	Allgemeiner Freier Angestelltenbund, sozialdemokratisch
148,28	**Konfektionär**	Hersteller oder Verkäufer von Fertigkleidung
148,31	**Galalithknopf**	Knopf aus hartem, hornartigem Kunststoff
148,31 f.	**Substitut**	Assistent oder Vertreter des Abteilungsleiters
149,10	**Trenchcoats**	englische zweireihige Regenmäntel mit Schulterklappen und Gürtel
151,1 f.	**Marengo**	grau melierter Kammgarnstoff für Mäntel
157,27	**Tippel**	hier: Tölpel, ungeschickter, dummer Mensch
158,14	**Schrutzen**	Kunden, die die Ware nur beschauen, aber nicht kaufen
158,15	**schrutzen und klaffen**	ohne Kaufabsicht die Ware beschauen und laut und viel schwatzen
160,21	**Freikörperkulturabend**	Veranstaltung der Bewegung für Nacktkörperkultur
162,34	**kaukasisch Nußbaum**	wertvolles Furnierholz mit ausgeprägter dunkler Zeichnung
164,35	**Sardellen**	Haarsträhnen
168,6	**Amoklauf**	extreme Gewalttat, die mit dem Tod des Täters endet
168,19	**Kadewe**	Kaufhaus des Westens, Nobelkaufhaus
170,11 f.	**Berliner Zimmer**	Durchgangszimmer
171,5	**vorkohle**	vormache, vorlüge
172,13	**Bubenkopf**	Kurzhaarschnitt
172,16	**Etat-Bedenken**	Bedenken über den Zustand der Finanzen
177,18	**Kempinski**	renommiertes Restaurant am Kurfürstendamm

178,26	**Eroticis**	erotische Handlungen
180,2	**Sparren**	hier: absonderliche Idee
180,16	**dun**	betrunken
181,12	**Reichsanstalt**	Arbeitslosenversicherung
181,15	**Plünnen**	(niederdt.) schlechte Kleidung, Plunder
181,31	**auspowern**	jemanden ausbeuten
183,9 f.	**Grannenhaare**	stachelige Spitzen der Ähren
184,27	**Krakeel**	lärmender Streit
186,23	**beschickert**	leicht betrunken
187,12	**verkorkst**	verdirbt
188,31	**Kupon Melton**	Abschnitt eines Wollgewebes mit verfilzter Oberfläche
196,31	**Babuschen**	Pantoffeln
197,35	**Bleichsoda**	Waschmittel gegen Vergilbung der Weißwäsche
199,10 f.	**Piassavabesen**	Straßenbesen aus Blattstielfasern einer brasilian. Palme
200,27	**verklappst**	eigentl.: entsorgst, hier: führst mich an
202,21	**meschugge**	(jidd.) verrückt
204,11	**Molle**	(berlin.) Glas Bier
	abtrümmern	eigentl.: stückweise abschlagen, hier: abhauen
204,13	**Destille**	Branntweinausschank
204,16 f.	**Viole schieben**	sich einer Verpflichtung entziehen
204,17	**zappenduster machen**	abspringen, Schluss machen
204,18	**Marie**	(berlin.) Geld
204,25	**gnomenhafter**	wie ein Heinzelmännchen
206,8	**talmi-eleganter**	scheingolden, also nur äußerlich eleganter

209,4	**Marienglasfenster**	Glasfenster aus Selenit, in Wirklichkeit aus Glimmer
212,1	**Reichsversicherung**	Arbeitslosenversicherung
214,23	**Graupen**	Gersten- oder Weizenkörner
217,3	**auf den Zwutsch**	auf einen Kneipenbummel
217,26	**Selbstbinder**	Krawatte mit Gummiband
219,29	**Speech**	(engl.) Rede
220,9 f.	**Losung**	Erlös aus dem Verkauf
222,30	**püttjert**	(niederdt.) vor sich hinkramen
227,28	**pomade**	in aller Ruhe, langsam
230,32	**püttjern los**	hier: machen sich mühsam auf den Weg
232,15	**puschelt**	macht hin und her
239,24	**Ufa-Theater**	Kino der Universum-Film AG (UFA)
240,16	**bast**	(niederdt.) irrt
245,1 f.	**wohl assortiert**	gut ausgestattet
255,24	**Knopflöcher**	große Augen
258,33	**Tripper**	Geschlechtskrankheit
261,36	**triezen**	bedrängen, zusetzen, quälen
273,16 f.	**Stillbescheinigung**	Bescheinigung zum Anrecht auf Vergütung der Stillzeit durch die Krankenkasse
291,33	**Ger**	Wurfspieß des Germanen
297,17	**Gummifabriken**	stellen Kondome zur Empfängnisverhütung her
298,23	**Guillotiniertes**	Abgeschnittenes, von Guillotine = französ. Köpfmaschine
299,19	**Bredouille**	(französ.) Bedrängnis
299,26	**Aas**	hier: durchtriebener Mensch
301,7	**Puffbahn**	Kinderwort für Dampfeisenbahn als Spielzeug

302,17	**bekakelt**	beschwatzt, besprochen
303,19	**Tinnef**	(jidd.) Unsinn
303,27	**aufzurebbeln**	aufwickeln
304,9 f.	**der Engel mit dem Schwert**	für die Vertreibung von Adam und Eva aus dem Paradies leistet ein Engel mit Schwert Gewähr (1. Mose, 24)
304,36	**Pöker**	(norddt.) Hintern
306,25	**vom Zoo**	vom Bahnhof Zoo
306,36	**Lerche**	lebenslustiger Mensch (fröhlich wie der singende Vogel)
309,30	**Püpping**	(niederdt.) Puppe
312,2	**Volontär**	Praktikant, der gering entlöhnt Berufserfahrung sammelt
313,26	**muckscht**	schweigt mürrisch
	tückscht	zürnt heimlich
314,29	**Kintop**	Kino
315,31	**aufkratzen**	aufheitern
317,32	**Trottoir**	Gehsteig
317,34	**Eunuchengesicht**	Gesicht mit der blassen, zarten Haut eines zeugungsunfähigen Mannes
321,22	**bullrig**	aufbrausend
327,29	**Inquisitoren**	strenge Untersuchungsrichter
334,32	**schrammt … ab**	geht eilig weg
336,27	**blasig**	voller Blasen
343,13	**Stieglitz**	bunter Singvogel
343,29 f.	**einzupuppen**	(berlin.) einzukleiden
346,29	**Cheviot**	dauerfestes, elastisches Gewebe aus Wollsorten von den Cheviotschafen

351,6 f.	**Laubendach**	Dach eines Gartenhäuschens in einer Laubensiedlung
356,35	**Parzellen**	zur kleingärtnerischen Nutzung gepachtete Landstücke in Schrebergärten
358,5	**Quecken**	krautiges Süßgras
365,35 f.	**Provisionsposten**	Stellung mit Entlöhnung gemäß Verkaufs-erfolg
367,3	**Toilettenonkel**	Mann, der öffentliche Toiletten in Ordnung hält
367,31	**Pflasterkasse**	Abgabe zum Unterhalt von Wegen und Straßen
368,8	**Siedlerkarte**	Fahrkarte für Pächter der Gartenbausied-lung
368,17 f.	**von Pontius zu Pilatus gelaufen**	zwecklos zwischen Behördeninstanzen hin- und hergelaufen (Pontius Pilatus, der Statthalter des römischen Kaisers von 26-36 n. Chr. war eine einzige Person)
371,21	**Riester**	Lederflicken auf dem Schuh
372,3	**Stremel**	langer Streifen
372,29	**Rupfen**	grobes Gewebe aus Jute
373,6	**Diplomat**	Wertschutzschrank
374,16	**Notverordnung**	Ab März 1930 hatten die deutschen Regierungen keine parlamentarische Mehrheit mehr und regierten mittels präsidialer Verordnungen.
376,28	**geschliffen**	geschunden, drangsaliert in der Soldaten-sprache
378,24 f.	**vom Schlesischen**	vom Schlesischen Bahnhof
379,34	**Schemen**	Umriss, Trugbild
386,27 f.	**Püttjerhannes**	überkorrekter und -fleißiger Umstands-krämer
387,12	**ein Jahr abgerissen**	ein Jahr Gefängnis verbüßt

3.6 Stil und Sprache

ZUSAMMENFASSUNG

- → Fallada greift auf eine Vielzahl von Sprachregistern zurück und trifft in der Erzählstimme und in den Figurenreden einen volkstümlichen Ton.
- → Die Erzählstimme orientiert sich an der Spontansprache der mündlichen Kommunikation, wendet sich direkt an die Lesenden und verfügt über einen großen Fundus an rhetorischen Mitteln.
- → Die Figuren werden durch ihre Redeweise ihren sozialen Rollen entsprechend typisiert.

Wort- und Formenreichtum

Kunstvolle Stillosigkeit

So breit das soziale Panorama in *Kleiner Mann – was nun?* ist, so vielfältig sind auch die Sprachregister, die Fallada in dem Roman verwendet. Der Verleger Peter Suhrkamp hat angesichts des Wort- und Formenreichtums der Sprache dieses Autors geradezu von einer kunstvollen Stillosigkeit gesprochen:

> „Es ist eigentlich kein Stil, sondern ein beständiger Wechsel von Mitteln: Das Momentane wird momentan gegeben, mit einer aufmerksamen Reaktion in jedem Moment, bei fast völliger Distanzlosigkeit, dabei steht Fallada jede Fähigkeit und Fertigkeit augenblicklich zur Verfügung. Seine Mittel sind schier unermesslich, er hat einfach alle, die es gibt.“[20]

---

20 Suhrkamp, S. 751.

Fallada **schöpft alle Sprechregister aus**, die ihm zur Verfügung stehen, weil er zwei Hauptziele verfolgt:

1. die Unmittelbarkeit des Dargestellten in der Tradition des Realismus und Naturalismus und nach dem Vorbild der amerikanischen Literatur seiner Zeit,
2. die Unmittelbarkeit der Verbindung mit den Lesenden aller Schichten, denen er sprachlich auf Augenhöhe begegnen will.

Beides hat wiederum Peter Suhrkamp schon 1934 genau treffend festgehalten:

> „Aus solcher Nähe, so genau, so beklemmend unverkennbar sind seine Menschen und ihre Welten gesehen und gezeichnet; und im Erzählen sind Fallada auch seine Zuhörer nahe, er nimmt, möchte man sagen, seine Worte aus ihren Ohren.“[21]

Fallada beschreibt selbst, wie er dadurch zum Schriftsteller wurde, dass er durch seine Arbeit in der Landwirtschaft mit Menschen aller Schichten zusammenkam, und „seine Worte aus ihren Ohren nahm“, indem er mit ihnen schwatzte:

> „Ich war nämlich fast immer mit Menschen zusammen, ich stand hinter den endlosen Reihen der schwatzenden Frauen beim Rübenhacken, beim Kartoffelbuddeln, und ich hörte die Frauen und die Mädels schwatzen, von morgens bis abends ging das. Abends schwatzte dann der Chef, und auch die Schweizer im Kuhstall schwatzten, wie die Knechte beim Füttern im Stall. Ich konnte ja nicht anders, ich mußte zuhören, ich lernte, wie sie reden und was sie reden, was sie für Sorgen haben, was ihre Probleme sind. Und da ich ein sehr kleiner Beamter war, der auf

---

21 Zitiert nach: Manthey, S. 44.

keinem Pferd herumritt, sondern höchstens der Zeitersparnis halber das Dienstrad benutzte, so hatten die Leute auch keine Hemmungen, mit mir zu reden, ich habe damals gelernt, mit jedem Menschen zu schwatzen."[22]

Diese Erfahrung schlägt sich in *Kleiner Mann – was nun?* **im volkstümlichen Ton** sowohl der Erzählstimme wie der Figurenreden nieder.

Erzählstimme

Kleiner Mann – was nun? ist ein Musterbeispiel für die Entwicklung des europäischen Romans ab den 1920er Jahren hin zur gesprochenen Sprache nicht der Figurenrede, sondern auch der Erzählstimme.

Entwicklung der Erzählstimme

Unter dem Einfluss der neuen Medien Film, Radio und Kabarett wenden sich die Autoren auch im Erzählen ab von der literarischen Schriftsprache hin zu Spontansprache der mündlichen Kommunikation.

Die Erzählstimme in *Kleiner Mann – was nun?* greift auf Wendungen zurück, wie sie typisch sind für einen Erzähler, der sich direkt an seinen Zuhörerkreis wendet und über einen großen Fundus an rhetorischen Mitteln verfügt.

Apostrophe (Anrede)

„**Seht**, Pinneberg ist mal nach hinten gegangen…" (145,1)	– an die Leser vgl. auch z. B. 222,29; 312,1; 366,8
„O nein, **mein Lieber**, so einfach machen wir es dir nicht." (280,31 f.)	– an den Protagonisten vgl. z. B. auch 281,4

22 Zitiert nach: Wolff, S. 12 (ohne Quellenangabe).

Deixis (auf die Situation bezogene Hinweiswörter)	
„Aber **da ist** Johannes Pinneberg." (132,19)	– Ort, vgl. auch z. B. 276,15; 377,22
„**Dies ist** also wieder mal der Kleine Tiergarten..." (146,8)	– Ort, vgl. auch z. B. 163,34
„Also **da liegt nun dieses** mondbeschienene Land vor Frau Emma Pinneberg, geborene Mörschel." (55,34 f.)	– Ort, Zeit, Ort, vgl. auch z. B. 223,8; 233,15
„Und **nun** sitzen die beiden in der Kleinbahn nach Maxfelde." (93,15)	– Zeit
Ankündigung	
„In diesem Augenblick geschah es: Auf dem Sandwege..." (95,32)	– Aufschub zur Erzeugung von Spannung
„Es ist ein Saufgeschäft. Bei jedem Wagen Kartoffeln, (...) bei jeder Abrechnung: Bier, Korn, Kognak." (65,14 f.)	– Vorbereitung der detaillierenden Aufzählung
„Und siehe da, recht hat er..." (310,13)	– Anrede zur Erzeugung von Aufmerksamkeit, vgl. z. B. auch 329,6
Füllwörter	
„Ja, der Himmel ist da über den Dächern..." (27,20)	– Einholen des Einverständnisses der Zuhörer, vgl. auch z. B. 223,3; 260,18; 281,36; 312,32
„Also: das Zimmer ist eine Schlucht, gar nicht mal so schmal, aber endlos lang, eine Reitbahn." (45,22 f.)	– Verdeutlichung des Gesagten
„Nun gut, der Junge erzählte etwas von..." (222,24)	– Übergang zur neuen Aussage durch Abschluss des schon Gesagten, vgl. auch z. B. 369,22
„Nein, es kann wirklich nicht gut ausgehen." (313,9)	– Anschluss durch Antithese, vgl. auch z. B. 367,12
Ellipse (Auslassung)	
„Ja also, dieser Wind." (111,3)	– Verkürzter Wiederaufgriff des schon Gesagten
„Pause. Lange Pause." (115,16)	– Verdeutlichung der Pause durch sprachliche Leerstelle

„Bahnhofsvorraum. Treppe. Automat mit Bahnsteigkarten." (124,15) „Papier. Ein Brief. Zwei Fragebogen." (280,30)	– Verdeutlichung der beschleunigten Wahrnehmung – Verdeutlichung der bürokratischen Hartherzigkeit
Wortwiederholung	
„**Das ist** unten, **das ist** das Ende, **das ist** der Verzicht auf das eigene Leben ..." (197,23 f.)	– Anapher, d. h. Wiederholung des Satzanfangs, vgl. z. B. auch 107,4–6; 144,3–6; 164,21–28; 232,22–30
„Die Strela plätschert, und der Nachtwind ist sehr **angenehm**. Es ist alles überhaupt alles sehr **angenehm**, und man könnte diesen Abend sein lassen, wie er ist: **angenehm**." (56,1–4)	– Epipher, d. h. Wiederholung des Satzendes
„Aber einen Haken hat solch ein **Geschäft**: Es muß begossen werden, es ist von Natur her ein feuchtes **Geschäft**. Es ist ein Sauf**geschäft**." (65,12–14)	– Repetitio, d. h. mehrmalige Wiederaufnahme desselben Wortes, vgl. auch z. B. 242,5–7; 277,36–278,4
„**So** geht es immer weiter, **und so** wäre es wohl noch eine ganze Weile weitergegangen (...)" (106,29 f.)	– Epanalepse, d. h. Wortwiederholung am Satzanfang mit Einschub eines Bindeworts
„Drei Wochen später – es ist ein **trüber, kalter, regennasser** Septembertag, sehr windig –, drei Wochen später schließt Pinneberg (...)" (108,8–10)	– Akkumulation, d. h. Aufhäufung thematisch gleicher Wörter, vgl. z. B. auch 181,28; 194,1; 219,12 f.; 243,1; 253,1 f.; 351,5 f.; 358,30 f.
„Der junge Mann sieht Pinneberg an, Pinneberg sieht den jungen Mann an." (277,35 f.)	– Parallelismus, d. h. gleiche Satzstellung, und Chiasmus, d. h. Überkreuzstellung der symmetrischen Satzglieder
„Es ist April geworden, ein richtiger **wetterwendischer** April, mit Sonne, **Wolken** und Hagelschauern, mit **grünendem Gras** und **Gänseblümchen**, mit sprossenden **Büschen** und wachsenden **Bäumen.**" (285,27–30)	– Alliteration, d. h. Wiederholung des Wortanfangs

Dialektal gefärbte Wörter und Wendungen

Besondere Farbigkeit gewinnt die Rede der Erzählstimme durch die vielen umgangssprachlichen, oft dialektal gefärbten Wörter und Wendungen aus der gesprochenen Sprache.

Besonders häufig sind Anleihen aus

→ dem **Niederdeutschen:**
z. B. *Hümpel* (56,1) = Menge von etwas, *tüffelt* (144,9) = schlurft, latscht, *Dunität* (146,2) = Trunkenheit, *lospüttjern* (230,32) = sich mühsam auf den Weg machen;

→ aus der **landschaftlich veralteten Umgangssprache:**
wie *pomade* (227,28) = langsam, träge, *aufrebbeln* (303,27) = aufwickeln, *muckschen* (313,26) = mürrisch schweigen, *bullrig* (321,22) = aufbrausend.

Hier scheinen Falladas Erfahrungen an den verschiedenen Orten seiner beruflichen Tätigkeit nachzuwirken, aber auch seine Arbeit an *Bauern, Bonzen und Bomben*, dessen Handlung ja eher im niederdeutschen Raum anzusiedeln ist.

Berlinerische und jiddische Ausdrücke

Im Unterschied zu den Figurenreden kommen in der Rede der Erzählstimme weniger Ausdrücke aus dem großstädtischen Berlinerisch und Jiddischen vor:

→ Aus dem **Jiddischen** stammen z. B. *schofelster* (83,35) = niedrigster, schäbigster, und *koscher* (144,34) = einwandfrei, in Ordnung.

→ Typisch **berlinerisch** ist z. B. *Toilettenonkel* (367,3) für den Mann, der öffentliche Toiletten in Ordnung hält.

Häufiger sind Ausdrücke aus der **allgemeinen deutschen Umgangssprache:**

gekauzt und gemauzt (64,12 f.) = geknurrt wie ein Hund und gemaut wie eine Katze
aus der Buddel sausen lassen (64,18) = aus der Flasche abgeben
Knubben (68,33) = kleiner Mensch
olle (82,12) = alte
proppenvoll (93,16) = gedrängt voll
mit einem Avec (104,8) = mit Schwung
beschickert (186,23) = betrunken

Zur Farbigkeit der Rede der Erzählstimme tragen auch **lautmalerische Ausdrücke** bei:

„Die Tür **schrammt** zu…" (32,17)

„Die Fliegen summen und **burren** schön sommerlich." (91,5)

„Da war eine Treppe ein Garnichts, man ging hinauf, man lief hinauf, man tanzte hinauf: **tripp, trapp,** Treppe." (193,27 f.)

„**Schrumm**! Die Tür ist zu." (195,7)

Farbig wirkt schließlich vor allem die **bildhafte Rede**:

„Also: das Zimmer ist eine **Schlucht**, gar nicht mal so schmal, aber endlos lang, eine **Reitbahn**." (45,22 f.)	Metapher, d. h. Veranschaulichung durch Übertragung des Gemeinten in einen anderen Bereich.
„Die kleine Gaslaterne rechts **zwinkert**." (55,35 f.)	Vermenschlichung eines technischen Vorgangs.

„sacht **wie auf Filzlatschen**" (95,33)	Vergleich, d. h. Veranschaulichung durch ausdrückliche Analogiebildung.
„den **toten Amoklauf** ihres Tuns" (168,6)	Pleonasmus, d. h. Adjektiv und Nomen verweisen auf denselben Gehalt, die geisttötende Aktivität.
„mit der **Sache an sich**" (245,6)	Euphemismus, d. h. Hüllwort, das das Gemeinte andeutet und zugleich verhüllt.
„das **längliche Paket** in ihrem Arm" (264,8)	Metonymie, d. h. der feste Wickel steht für den darin enthaltenen Säugling.

Figurenrede

Typisierung durch Redeweise

Durch ihre jeweilige Redeweise typisiert Fallada die Figuren je nach Situation und Rolle, die sie einnehmen. Die beiden Hauptpersonen erweisen sich dabei als mehrschichtige Charaktere, die je nach Situation und Rolle ein unterschiedliches Sprechverhalten haben.

Pinneberg

„Ja, mein Mädchen. Ja, meine Süße." (118,23)	= liebender Ehemann Lämmchen gegenüber
„Hast einen kleinen sitzen, Mama. Na, das gibt sich wieder." (184,24 f.)	= strenger Sohn seiner Mutter gegenüber
„Wenn der Herr sich bemühen wollen. Sehen Sie – ausgezeichnet, was?" (150,26 f.)	= beflissener Verkäufer dem Kunden gegenüber
„Ich dachte auch … eigentlich Herrenkonfektion … das war nur zur Aushilfe …" (142, 18 f.)	= unterwürfiger Angestellter dem Personalchef gegenüber

Lämmchen

„O Jungchen, Jungchen, was bin ich glücklich!" (118,22)	= mütterliche Ehefrau Pinneberg gegenüber
„Tut mir leid, Mama, ich muß nähen" (194,23)	= brave Schwiegertochter Mia Pinneberg gegenüber
„Also los, Meister (...). Abmarsch!" (267,15)	= resolute Nachbarin Puttbreese gegenüber
„Unter keinen Umständen (...). Ganz und gar nicht. Der weiß doch noch gar nicht, was Tag und Nacht ist." (271,10–12)	= selbstbewusste Mutter Pinneberg gegenüber
„Gute Nacht, Jachmann, und daß es Ihnen recht, recht gut geht." (388,12 f.)	= verständnisvolle Freundin Jachmann gegenüber

Die übrigen Figuren werden gesamthaft gemäß ihren gesellschaftliche Rollen durch ihre Redeweise typisiert.

Vater Mörschel	
„Glaube ist Religionssache, damit hat 'n Arbeiter nischt zu tun." (22,18 f.)	= sozialdemokratischer Arbeiter
Getreidehändler Keinholz	
„Und daß mir keiner ein Übergewicht gibt. Ich habe nischt zu verschenken. Ich wiege nach, mein schöner Schulz." (83,3–5)	= kleinstädtischer Kleinunternehmer
Mia Pinneberg	
„Immer im Herbst derselbe Kram: Ich gewöhne mich nicht, ich denk nicht an das Ding, ich laß es hängen." (134, 32–34)	= oberflächliche Halbweltdame

Holger Jachmann „I wo, keine Bohne! Warum müssen Sie denn?! Sie können doch gar nicht lügen, das sieht man doch. Nee, Sie wissen von nichts." (135,23–25)	= liebenswerter Gauner
Personalchef Lehmann „Gut. Sie fangen morgen früh an. Sie melden sich um acht Uhr dreißig bei Fräulein Semmler, hier nebenan. Sie unterschreiben dann den Vertrag und die Hausordnung, und Fräulein Semmler sagt Ihnen Bescheid. Guten Morgen." (143,19–22)	= herrischer Vorgesetzter
Meister Puttbreese „Sie wollen Viole schieben? Sie wollen zappenduster machen? Von mir aus. Aber das sage ich Ihnen, bei mir wird Marie vorneweg abgelegt, jeden Ersten wird angetanzt, junger Mann." (204,15–18)	= unbefangener Berliner Handwerksmeister
Joachim Heilbutt „Die fallen hübsch rein mit ihrer fristlosen Entlassung. Ich habe schon Klage eingereicht beim Arbeitsgericht." (292,34–36)	= unerschrockener erster Verkäufer
Kessler „Sooo. Das freut mich. Weil der Jänecke nämlich erzählt hat, als Sie gestern die Pleite geschoben haben, Sie sind mächtig zurück mit Ihrer Losung, und er erledigt Sie." (341,14–17)	= unkollegialer Karrierist

„Organisator" Spannfuß „Sie leben von uns, Herr, wir haben Ihnen die Sorge um Ihren Lebensunterhalt abgenommen, verstehen Sie das! Sie sind ja auch Ultimo pünktlich hier unten zum Gehaltsempfang." (333,5–8)	= gewinnorientierter Manager
Substitut Jänecke „Herr Pinneberg, gehen Sie sofort auf das Personalbüro und lassen Sie sich Ihre Papiere geben. – Und was das Geschwätz mit der Quote anlangt, Herr Schlüter, alles gelogen!" (347,21–24)	= verlogener Vorgesetzter

3.7 Interpretationsansätze

ZUSAMMEN-FASSUNG

- → Unter fünf Hauptgesichtspunkten wurde *Kleiner Mann – was nun?* bisher vor allem interpretiert: Politik, Biografie, Erzähltechnik, Mentalität und Frauenbild.
- → In politischer Hinsicht werden der unpolitische und der politische Fallada einander entgegengestellt.
- → In Bezug auf die Biografie Falladas wird sein literarisches Schaffen als Ausdruck einer unausgewogenen Persönlichkeitsstruktur gedeutet.
- → Hinsichtlich der Erzähltechnik wird Falladas Schwanken zwischen Innovation und Erzähltradition als Ausdruck seiner Unentschiedenheit zwischen der Einsicht in die Vorherrschaft der Dingwelt und der Suche nach einer neuen Subjektmächtigkeit verstanden.
- → Unter mentalitätsgeschichtlichen Vorzeichen wird diese Unentschiedenheit als Merkmal kleinbürgerlicher Dispositionen interpretiert.
- → Die Ambivalenz des Frauenbilds wird als Ausdruck der Einsicht Falladas in die Krise der herkömmlichen Rollenverteilung der Geschlechter erklärt.

Politik

Verstärkte Rezeption in der DDR

Da Fallada 1945 in der sowjetischen Besatzungszone und durch die Vermittlung des Schriftstellers Johannes R. Becher in der *Täglichen Rundschau* der Roten Armee und im KPD-nahen *Kulturbund zur demokratischen Erneuerung Deutschlands* mitarbeitete, wurde sein Werk in den 1950er Jahren zunächst vor allem in der DDR untersucht und kommentiert. Dem Roman *Kleiner Mann – was nun?* wurde dabei durchweg zugute gehalten, er stelle die Aussichtslosigkeit des „Kleinbürgers“ Pinneberg auf exemplarische Weise dar. Doch Max Schroeder wirft Fallada 1953 vor, in seinem „Mangel an politischer Einsicht“ teile er diese Aussichtslosigkeit, statt dass er wie z. B. Anna Seghers „den Zusammenstoß der Hauptkräfte der Gesellschaft vor Augen“ rücke und damit auch „den Ausblick auf die endgültige Beseitigung des Übels“ eröffne.[23] I. M. Lange teilt diese Einschätzung, anerkennt aber, dass der Roman Pinneberg 1932 noch keine politische Perspektive eröffnen könne, denn „täte er das, so würde er einen Menschen schildern müssen, der das Kleinbürgertum überwindet, und nicht Vorgänge, die gerade typisch für die Schicht des verelendeten Kleinbürgertums waren.“[24] Günter Caspar sieht darin keine Rechtfertigung, denn Fallada treibe „seine Abstinenz von der Politik etwas zu weit“, indem er „bestimmte politische Ereignisse“ ausklammere, die „in das Leben des kleinen Mannes Pinneberg“ eingegriffen hätten.[25] Das Bild der fehlenden politischen Orientierung Falladas unterstreicht 1961 im Westen Theodor Lemmer. Fallada schwebe zwar eine bürgerliche Neuordnung vor, doch, „für den ‚Kleinen Mann‘ gibt es keine Lösung der Probleme durch politische Ideen. Im politischen Bereich ist Fallada richtungslos.“[26] Diesem Bild eines mangelnden politischen Gehalts des Romans widerspricht 1990 der amerikanische Germanist Reinhard K. Zachau ausdrücklich. Fallada habe in *Kleiner Mann – was nun?* Kracauers Thesen über die soziale Schicht der Angestellten konsequent literarisch umgesetzt, indem er zeige, wie Pinneberg einerseits proletarisiert werde, andererseits seine kleinstädtisch geprägte, bürgerlich patriarchale Ideologie beibehalte. Der Romanschluss könne kei-

Fehlende politische Orientierung?

---

23 Schroeder, zitiert nach: Grisko, S. 123.
24 Lange, zitiert nach: Grisko, S. 125.
25 Caspar, zitiert nach: Grisko, S. 129.
26 Lemmer referiert durch Loohuis, S. 14.

ne vorschnelle Lösung für diesen Widerspruch bieten. Das beweise „nicht Falladas begrenztes politisches Sehen“[27], vielmehr habe Fallada Pinneberg benutzt, „um den Leser durch die Erfahrungen seines Helden zu neuen Einsichten über sich gelangen zu lassen, auch wenn die Antworten nicht befriedigen konnten.“[28]

Biografie

In seinem Standardwerk über Falladas Leben und Werk beobachtet Jürgen Manthey 1963 umgekehrt, „dass Falladas Illusionsbereitschaft nicht so sehr von der seines Publikums verschieden war.“[29] Trotz dem „unbestreitbaren intellektuellen Welt-Verständnis“ des Autors und der deutlichen „Parteinahme für die sozial Schwachen und Gesellschaftskritik“[30] falle die in Pinnebergs Zuflucht zur privaten Fürsorge seiner Frau wirksam werdende „Geborgenheitssehnsucht“ aber „unverhüllt auf die Ebene psychologischer Bedingtheiten“[31] in der Biografie des Autors zurück:

> „Der in frühester Jugend aus aller Anerkennung und verzeihenden Zuneigung Verstoßene sieht sich immer wieder heimkehren in eine Bindung, die ihn mit Gefühlen, nicht mit äußerer Lebenserleichterung entschädigt.“[32]

Wunsch nach väterlicher Anerkennung

In der Zuneigung, die Pinneberg bei den beiden selbstsicheren Außenseitern Jachmann und Heilbutt findet, sieht Manthey „ein seit frühester Jugend ungestilltes Verlangen des Autors wirksam

---

27 Zachau, S. 99.
28 Ebd.
29 Manthey, S. 87.
30 Ebd., S. 88.
31 Ebd., S. 91.
32 Ebd.

(...): Den Wunsch nach Anerkennung durch den Vater."[33] Die Verständnislosigkeit der Eltern habe „eine ausgeglichene Persönlichkeitsstruktur des Heranwachsenden vereiteln"[34] müssen und das sei die Basis für die „wesentlichste Motiv-Achse des gesamten erzählerischen Werks" Falladas: Im gestörten Einklang „mit der Welt, konkreter: mit der bürgerlichen Gesellschaft" stelle er „immer wieder diesen verhinderten Einklang mit sich selbst" dar.[35] Mantheys biografischer Fundierung des Werkverständnisses folgen auch die amerikanischen Dissertationen von R. L. Tinsley (1965) und D. W. Crow (1971). Im Unterschied zu Manthey behauptet Tinsley gar, Fallada habe sich nicht als Sozialkritiker betrachtet, es sei ihm um die Selbstbehauptung des Individuums in der Reaktion auf seine Umgebung gegangen[36], und er habe darin sein doppeltes Ich dargestellt, den wirklichen Fallada und den eingebildeten seiner Träume.[37]

Erzähltechnik

Moderne Erzähltechniken

In ihrer Dissertation *Zur Funktion der Gespräche in den Romanen Hans Falladas* untersucht Heidrun Bauer das Werk Falladas 1972 nicht als Ausdruck der Persönlichkeitsstruktur des Autors, sondern als Beispiel für die Erneuerung der Erzähltechnik in der Periode der Neuen Sachlichkeit, und hält fest, man schätze in der szenischen Darstellung des Dialogs „vor allem die Funktion der Objektivität, die im Leser den Eindruck von Unvoreingenommenheit erzeugen und ihm als Garantie für den Wahrheitsgehalt erscheinen soll."[38] Deutlicher und konsequenter arbeitet Karl Prümm 1995 heraus, dass *Kleiner Mann – was nun?* „ein genau kalkulierter Text" ist,

---

33 Ebd., S. 92.
34 Ebd., S. 94.
35 Ebd.
36 Vgl. Loohuis, S. 25.
37 Vgl. ebd., S. 21 f.
38 Bauer, S. 9, zit. nach: Frotscher, S. 50.

mit dem der Autor die herkömmlichen Erzählverfahren verlässt, um einen Realitätseindruck zu erreichen, „der bei den Rezipienten das Bewusstsein des Romanhaften zum Verschwinden bringt".[39] „Der vermeintlich simple Chronist des Alltäglichen ist mit seinen Erzähltechniken durchaus auf der Höhe der Zeit"[40], betont Prümm, insbesondere auch weil er seine Darstellungsweise an den neuen **Theorien zur Fotografie und zum Film** orientiere. So wie „das fotografische Bild (...) die alte subjektive Weltaneignung endgültig in ihrer Unangemessenheit enthüllt"[41] habe, so verpflichte auch Fallada sich „einem neuen Sehen, einer Repräsentanz der reinen Oberfläche"[42]. Und so wie der Film die Rampe der Theaterbühne niederlege, um dem Publikum eine quasi innere, intime Nähe zu den Personen auf der Leinwand zu ermöglichen, so ziele Falladas Realismus auf „das verschwörerische Einverständnis, das zwischen Leser und Figuren im Roman etabliert werden soll."[43] Allerdings kennzeichneten diese neuen Techniken „den Roman nicht in seiner Gesamtheit"[44], denn Fallada schrecke vor der letzten Konsequenz seiner Erzählverfahren zurück und suche „einen Ausgleich mit dem epischen Erzählen des 19. Jahrhunderts."[45] Sein Blick auf die Dingwelt bleibe nicht subjektlos. Die „wirkungsvollste Tröstung des Romans" bestehe „im Behaupten einer neuen Subjektmächtigkeit jenseits der alten idealistischen Ordnung", zugleich aber seien „der Oberflächenblick und die Schärfe seiner Dingwahrnehmung (...) so weit getrieben, dass die regressiven Schlüsse aus dem Erzählten eigentlich nicht mehr funktionieren."[46]

---

39 Prümm, S. 258.
40 Ebd.
41 Ebd., S. 261.
42 Ebd.
43 Ebd., S. 266.
44 Ebd., S. 269.
45 Ebd., S. 270.
46 Ebd.

Mentalität

Darstellung eines Aufklärungsprozesses

Falladas Bemühen um „autonome Innenwelt und überschaubare Familiarität“ [47], die sein Roman nach Prümm ebenso erzählerisch propagiere wie durch die Darstellungsweise unterlaufe, wird im Lauf der 1970er Jahre in mehreren Beiträgen als Frage der „Disposition kleinbürgerlicher Mentalitäten“[48] gedeutet. Helmut Lethen versteht *Kleiner Mann – was nun?* 1970 als „Darstellung eines Aufklärungsprozesses“[49], der bei Pinneberg mit der „Blamage seiner Individualität vor der kapitalistischen Ratio“[50] beginne. Er suche als einzige Bindung die Liebe zu seiner Frau, im Roman „mit Naturmetaphern beschrieben – als nicht auszubeutende, in sich ruhende Natur“, ein Klischee, das in der bürgerlichen Tradition „Aufklärung, Widerstand und Versöhnung“[51] miteinander verbinde: „Pinneberg verschwindet nicht in der Masse der Proletarisierten. Er verschwindet in der Natur.“[52] Damit bewahre er sich die trügerische Hoffnung, „Spuren zu hinterlassen“[53] und „nicht sinnlos zu leiden (...). Diese Entschädigung für die Deklassierung kann den Massenerfolg des Romans erklären.“[54] Klaus-Dieter Krohn führt diesen Erfolg 1975 darauf zurück, dass Falladas Roman die Unfähigkeit der mittelständischen Schichten wiedergebe, ihre Konflikte zu lösen, und zugleich ihrer „Sehnsucht nach Versöhnung des Individuums mit der feindlichen Umwelt in einer höheren Kategorie der Anständigkeit“[55] entgegenkomme. Im Fokus dieser Sehnsucht stehe das Bild

---

47 Ebd.
48 So der Untertitel des Beitrag von Krohn, S. 507.
49 Lethen, zitiert nach: Grisko, S. 130.
50 Ebd., S. 131.
51 Ebd., S. 132.
52 Ebd., S. 133.
53 Ebd.
54 Ebd., S. 134.
55 Krohn, zitiert nach: Grisko, S. 135.

der Familie „mit der Dominanz der naturwüchsig bestimmten starken Frau“[56], ihr zugrunde lägen die „verinnerlichten sadomasochistischen Züge“ des autoritären Charakters, der die Protagonisten im Werk Falladas kennzeichne:

> „In dem Gefühl der Ohnmacht, der Inferiorität und der persönlichen Unbedeutendheit unterwerfen sich seine Helden der vermeintlich starken Persönlichkeit bzw. den subtileren ‚innerlichen Autoritäten' wie Pflicht, Gewissen, Moral, während sie in der sichernden Bestätigung der Privatsphäre scheinbares Ausleben von Freiheit praktizieren zu können glaubten.“[57]

Unlösbarer Rollenkonflikt

Bernd Hüppauf sieht 1976 Pinnebergs „Erwartung einer unbeschadet aller Rollen und durch alle Rollen hindurch zur Geltung bringenden Humanität, entwickelt aus dem Bild einer ständisch strukturierten frühbürgerlichen Gesellschaft, (…) in der sozialen Welt von Berlin um 1930 zu einem unlösbaren Rollenkonflikt führen.“[58] So scheine „allein die Personalität in den zwischenmenschlichen Beziehungen (…) für Pinneberg der Garant für deren Ehrlichkeit und Echtheit zu sein.“[59] Sein Festhalten an diesen Werten könne als Intention Falladas beschrieben werden, „im Namen vergangener Humanität der bürgerlichen Gesellschaft zu sich selbst zu helfen.“[60] Fallada selbst sei in der Verfolgung dieser Intention aber nicht konsequent gewesen. „Eine Kombination aus Pinnebergs Eskapismus und Heilbutts Erfolgsstreben charakterisiert das Handeln Falladas wohl eher als die Kompromisslosigkeit Pinnebergs.“[61]

---

56 Ebd., S. 136.
57 Ebd.
58 Hüppauf, zitiert nach: Grisko, S. 138.
59 Ebd.
60 Ebd., S. 140.
61 Ebd.

Frauenbild

Hure und Mutter

Erhard Schütz geht 1986 davon aus, dass Pinneberg Mia Pinneberg und Lämmchen als „die hurende und die reine Mutter“[62] einander gegenüberstellt, und führt dieses dualistische Stereotyp nicht nur auf das „symbiotische Begehren“[63] Pinnebergs zurück, sondern auch auf die „Symbiosefantasien des Autors selbst“[64]. Letzterer erfülle sie literarisch im Romanschluss, wo er „seine Figuren von der befleckten Erde zu den reinen Sternen tragen lässt“[65], und sei im realen Leben „immer wieder in Morphium und Alkohol, in den Rausch seiner symbiotischen Ersatzwelten ausgebrochen (...).“[66]

Neues Verhältnis zwischen Mann und Frau

Walter Delabar hingegen versteht 1999 den Niedergang Pinnebergs und seine Abhängigkeit von der Bestätigung durch seine Ehefrau als Rücknahme der „Konzentration auf den Mann als Aktivposten der gesellschaftlichen Veränderung, Gestaltung und Aktion“[67], die mehr enthalte „als die Unfertigkeit des Autors Fallada, der sich in dieser Figur selbst porträtiert haben mag. “[68] Seine These: „In der Demontage des Mannes Pinneberg verabschiedet sich zugleich ein Modell der Welt, in dem Männer im öffentlichen Raum handeln und Frauen auf den Raum des Hauses verwiesen bleiben.“[69] Diese Modell konkretisiert Delabar 2013 dahingehend, dass Pinneberg „an der Aufgabe scheitert, sich in den neuen, komplexeren Verhältnissen zu behaupten“[70], während sie Lämmchen dazu zwingen, „ihre Stärke und eigentliche Vormacht“[71] zu offenbaren:

---

62 Schütz, S. 175.
63 Ebd., S. 176.
64 Ebd.
65 Ebd.
66 Ebd., S. 177.
67 Delabar, *Was tun?*, zitiert nach: Grisko, S. 144.
68 Ebd., S. 145.
69 Ebd.
70 Delabar, *In der Hölle*, S. 55.
71 Ebd.

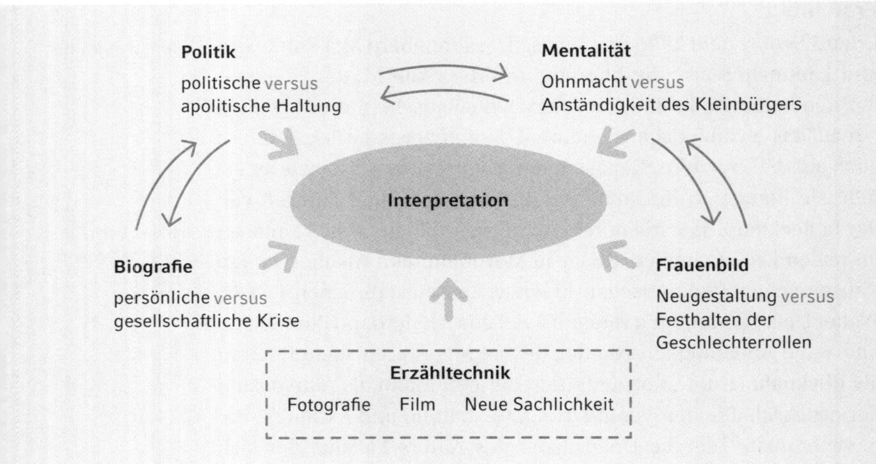

Ihre „anfängliche demonstrative Unterordnung wird nach und nach suspendiert."[72] Der Roman lässt aber offen, ob eine entsprechende neue Rollenverteilung zwischen Männern und Frauen sinnvoll und wünschbar wäre. Lämmchen sichert zwar das Überleben der Familie durch ihre Näh- und Stopfarbeiten, hält aber zugleich an der herkömmlichen Rollenverteilung fest: „Sagen Sie Jachmann, soll denn das ewig so weitergehen, daß die Männer zu Hause sitzen und machen die Hausarbeit und die Frauen arbeiten? " (382,33–36) Jachmann hält das für durchaus möglich hält, Lämmchen hingegen sagt nein dazu: „Es ist doch unmöglich." (382,36)

---

72 Ebd.

4. REZEPTIONSGESCHICHTE

ZUSAMMENFASSUNG

→ Der Erfolg des Romans beim Lesepublikum stellt sich sofort ein und hält bis heute an, ungeachtet der unterschiedlichen Bedingungen in der Weimarer Republik, in den USA und vielen anderen Ländern, unter der Nazidiktatur, während der Spaltung Deutschlands in BRD und DDR und in der heutigen globalisierten Gesellschaft.
→ Den verschiedenen Verfilmungen unter Hitlers Herrschaft, in den USA, im west- und im ostdeutschen Fernsehen kommt weniger Bedeutung zu.
→ Mit Erfolg zum Hörspiel umgearbeitet wird der Roman schon Ende 1932 und dann wieder 2010.
→ Nach dem ersten Misserfolg der Umarbeitung für die Bühne 1934 in Dänemark kommt es erst 1972 wieder zu einer neuen Bühnenfassung als Revue. Deren Großerfolg und die neuen Krisenerfahrungen ab 2007 veranlassen in den letzten Jahren eine ganze Reihe von Neuinszenierungen.

Rascher Erfolg beim Publikum

Schon Erstveröffentlichung ein Riesenerfolg

Als *Kleiner Mann – was nun?* am 10. Juni 1932 ausgeliefert wird, steht schon fest, dass das Buch ein Erfolg werden muss. Der Vorabdruck des Romans in der *Vossischen Zeitung* vom 20. April bis 10. Juni löst ein **enormes Echo** aus: „Hans Fallada wird mit Briefen überschüttet, und die Redaktion der *Vossischen Zeitung* erhält so viele Zuschriften wie zu keinem anderen Fortsetzungsroman."[73] Auf den Tag der Publikation hin setzen Fallada und sein Verleger Ernst Rowohlt „persönliche und vertragliche Beziehungen ein, um eine möglichst breite Streuung von Rezensionsexemplaren an die Presse zu erreichen."[74] Der weitere Erfolg des Buches beim Lesepublikum übertrifft aber alle Erwartungen. Bis Ende 1933 verkauft der Rowohlt-Verlag mehrere Auflagen mit insgesamt 80.000 Exemplaren. Das Buch wird in 50 Regionalzeitungen nachgedruckt und in das Programm des Buchklubs aufgenommen. Allein von Juni bis Dezember 1932 erhalten schon zehn ausländische Verlage die Rechte zur Übersetzung des Romans – das Buch wird zum **Welterfolg**.

Ein Zeichen für die große Popularität des Romans ist das „Preisausschreiben um Pinneberg" unter dem Titel „Unser Kunde – der Filmschauspieler": Die *Personal-Zeitung* eines Frankfurter Kaufhauses fragt am 23. Oktober 1933 danach, wie Pinneberg sich Schlüter gegenüber hätte verhalten müssen, wenn „er sich in der geschilderten Situation als ein wirklich geschickter Verkäufer und kluger Kaufmann gezeigt hätte, der es versteht, aus jeder Situation Vorteile zu ziehen."[75] Die Frage verkehrt den Sinn der im Roman dargestellten Vorgänge, übernimmt Sicht- und Sprechweise der Vorgesetzten Pinnebergs (Jänecke, Spannfuß) bzw. seines karrieristischen Kollegen Kessler, was nach Angabe seiner Veranstalter den Erfolg des Preisausschreibens nicht beeinträchtigt hat: „Außerordentlich groß war die Zahl der Zuschriften, die uns zu unserm letzten Preisausschreiben zugegangen sind"[76], schreibt die *Personal-Zeitung* am 20. November 1932.

---

73 Prümm, S. 258.
74 Fritsch, S. 250.
75 Zitiert nach: Grisko, S. 91.
76 Zitiert nach: ebd.

Im Rückblick sieht H. A. Wyss in der *Neuen Zürcher Zeitung* vom 3. April 1933 den sofortigen Erfolg des Buches darin begründet, dass es ein „Erholungsbuch“ ist, „und seinen Haupterfolg dankt es den Frauen.“[77]

Lob und Tadel in der Literaturkritik

Der erste Rezensent, der Schriftsteller Arno Schirokauer, erfasst in der *Leipziger Zeitung* schon am Tag der Publikation des Romans sehr genau die Mischung, die dem Buch bei einer ganz unterschiedliche Leserschaft Erfolg bringen wird:

> „Da ist der kleine, patente Pinneberg, da ist Lämmchen, seine Frau, der er in Liebe und Sorglosigkeit einen Murkel gemacht hat. Da sind die drei, lieben sich, tun sich nach Kräften Gutes. Aber um sie fliegen die Lassos der ‚Wirtschaft', und schon sitzt Pinneberg in der Tinte (...).“[78]

Paul Rilla, Literaturwissenschaftler und -kritiker, fasst am 15. Juli 1932 in den *Breslauer Neuesten Nachrichten* in einer pointierten Formulierung, was viele weitere Rezensenten mit anderen Worten hervorheben werden: „Fallada bringt das große Kunststück zuwege, alle düsteren Konsequenzen des Stoffes zu ziehen und trotzdem das Leben triumphieren zu lassen (...).“[79] So unter anderen auch Hermann Hesse in der *Baseler Nationalzeitung* vom 17. Juli 1932 und Carl Zuckmayer in der *Vossischen Zeitung* vom 17. September 1932.

---

77 Zitiert nach: Grisko, S. 77.

78 Zitiert nach: ebd., S. 62. Das Zitat stammt aus der Rezension in *Das Tagebuch* (Berlin). 18. Juni 1932, einer nur leicht veränderten Version des Beitrags in der *Leipziger Zeitung*.

79 Zitiert nach: Grisko, S. 63.

Unterschiedliche Reaktionen von links

Es gibt aber auch deutliche Vorbehalte mancher Rezensenten. Von links wird Fallada vorgeworfen, er greife zu wenig tief „ins Wurzelgewirr gesamtgesellschaftlicher Tragödie", so Karl Schröder im Juli 1932 in *Sozialistische Bildung*: „Diese Formgebung: eine Art photografischer Realistik, stetiger Dialog im Unterhaltungston gewürzt mit etwas Pfeffer und Spaß, bringt am Ende die schwere Gefahr mit sich oder trägt sie gar schon im Keim, nur das Oberflächenbild zu geben, eben das Genrebild."[80] Mehrheitlich aber bewerten die linken Rezensenten den erfolgreichen Roman „fast ohne Einschränkung positiv (…)."[81]

Ablehnung von rechts

Von rechts wirft der nationalsozialistische Schriftsteller Hanns Johst Fallada am 1. September 1932 vor, er betreibe „neue Sachlichkeit mit dem alten Mitleid des Naturalismus", und fordert: „Nicht dieses lasche Mitleid mit den wehrlosen Opfern ihrer Umwelt, sondern das Leiden wehrhafter Charaktere gilt es endlich wieder einmal zu gestalten!"[82] Der ebenfalls nationalsozialistische Literaturwissenschaftler Helmuth Langenbucher sieht in der Arbeitslosigkeit eine „grausames, furchtbares Schicksal, das in seinen Auswirkungen für den biologischen Fortbestand eines Volkes wie des unseren von unabsehbaren Folgen sei kann", und hält fest: „*Davon* aber steht in Falladas Buch kein Wort – und weil ihm jedes Schicksalsgefühl fehlt, darum ist es keine Dichtung (…)."[83]

„Anekdotisierung" und „Idyllisierung"

Am dichterischen Wert des Romans zweifeln aber auch Rezensenten, die nicht politische Kriterien anwenden, sondern literarische. So wirft Karl Bermeitinger Fallada am 11. September 1932 in der *Frankfurter Zeitung*, einem der angesehensten Presseorgane der Zeit, vor, das Leben Pinnebergs durch „Anekdotisierung"

80 Zitiert nach: ebd., S. 65.
81 Fritsch, S. 251
82 Zitiert nach: Grisko, S. 67.
83 Zitiert nach: ebd., S. 76.

und „Idyllisierung" zu „zerstücken". Deshalb finde er in Siegfried Kracauers soziologischer Studie *Die Angestellten* „mehr Dichtung als in den gedichteten Angestellten Falladas, die Stückchen sind und nicht einmal mehr als Material für eine soziologische Untersuchung zu verwenden."[84] Und der wohl bedeutendste Rezensent des Romans, Herbert Ihering, wirft Fallada im *Berliner Börsen-Courier* vom 24. November 1932 vor, in seinem Roman sei Dichtung „wieder Verschönerung, Vergoldung. Die Kraft ist noch da, aber sie ist lyrisch aufgeschwemmt."[85]

Fortdauernder Erfolg

unter der nationalsozialistischen Diktatur

Änderungen am Romantext nach 1933

Auch nach Hitlers Machtergreifung wird Falladas Roman breit gelesen. Allein bis 1938 werden von der zweiten „Volksausgabe", die 1934 erscheint, 100.000 Exemplare gedruckt. Um Schwierigkeiten auszuweichen, verändert Fallada die Passagen, die die SA und die Nationalsozialisten in ein schlechtes Licht rücken könnten. Die hauptsächliche Veränderung besteht darin, dass das unsympathische SA-Mitglied Lauterbach nun zum Torhüter der örtlichen Fussballmanschaft wird und sich so in Schlägereien verwickelt.

in den USA

Universalität der Themen

Auch in den USA wird *Little man – what now?* zu einem der größten Erfolge eines deutschen Autors. Für Thomas Peter ist „die Voraussetzung für den Erfolg von Fallada in Amerika weniger seine ‚politische' Botschaft, sondern die Übersetzbarkeit seiner Texte, die Universalität seiner Themen, die zeitgemäßen Inhalte und die Identifikationsmuster für den Leser, welche die Protagonisten sei-

---

84 Zitiert nach: ebd., S. 70.
85 Zitiert nach: ebd., S. 73.

ner Romane anboten, denen zunehmend der Sinn für die Realität, das Große, abhanden kommt und dem sie das Idyll, das Kleine, entgegenzuhalten versuchen."[86] Hinzu kommt noch, dass die Werbung des amerikanischen Verlags Simon & Schuster „nicht unwesentlich zum ökonomischen Erfolg von Falladas Roman beigetragen hat (...)."[87]

in Ost und West

In der Zeit des Kalten Krieges zwischen 1947 und 1989 nimmt Fallada das Lesepublikum „hüben wie drüben für sich"[88] ein. In der BRD ebenso wie in der DDR wird *Kleiner Mann – was nun?* ab Anfang der 1950er Jahre regelmäßig wieder aufgelegt.

heute

Anhaltende Popularität

Auch heute noch bleibt Fallada, gerade mit *Kleiner Mann – was nun?*,

> „ein populärer Autor mit außergewöhnlich stabilen Auflagen. Seine Romane erscheinen immer wieder mit neuen Covern als Taschenbücher und erreichen offenkundig auch junge Leserschichten, die den Welten und Zeiten, die der Erzähler ausbreitet, inzwischen weit entrückt sind."[89]

Verfilmungen

Kitsch und Happyend

Schon im Mai/Juni 1932 arbeitet Fallada an einer Adaptation des Romans für das Kino. Die Arbeit am Drehbuch bereitet ihm Mühe, er merkt, dass ihm das Atmosphärische im Roman wichtiger ist als

---

86 Peter, S. 14.
87 Ebd., S. 36.
88 Prümm, S. 255.
89 Ebd.

Pinneberg (Hermann Thimig) und sein Lämmchen (Hertha Thiele) – Szene aus der Romanverfilmung von 1933

die Handlung, die den Film tragen muss. Ab Anfang 1933 arbeitet er in einem Team am Drehbuch weiter, findet dies „amüsant und interessant“[90] und hat bloß Mühe mit den Produzenten, die die Drehbuch- Autoren „in den äußersten Kitsch abdrängen“[91] wollen. Als bei den Verfolgungen nach dem Reichstagsbrand vom 27./28. Februar 1933 linke und jüdische Mitarbeiter das Team verlassen müssen, zieht auch Fallada sich daraus zurück. Nun entsteht un-

90 Zitiert nach: Töteberg, S. 44.
91 Zitiert nach: ebd.

ter der Regie von Fritz Wendhausen ein Film, in dem zum Schluss alles gut ausgeht, indem Heilbutt und Pinneberg im Kaufhaus wieder eingestellt und sogar befördert werden. „Es soll ein mittelmäßiger Spielfilm mit einer schrecklichen Kolportage daraus geworden sein“[92], schreibt Fallada am 15. Mai 1933 an seine Schwester, bleibt der Uraufführung vom 3. August 1933 fern und schreibt an die Filmgesellschaft: „Ich bestreite Ihnen, dass dieser Film noch irgend etwas mit meinem Buch zu tun hat.“[93]

US-Verfilmung

Sein amerikanischer Verleger Clifton Fadiman lädt Fallada schon am 27. Oktober 1932 zur Mitarbeit an einem amerikanischen Drehbuch ein. Das erscheint dem Autor ausgeschlossen. Die amerikanische Verfilmung, die am 4. Juni 1934 uraufgeführt wird, legt einen deutlich anderen Schwerpunkt als die deutsche. Sie stellt die Entlassung Pinnebergs bei Mandel als Folge der Enthüllung über die Kuppeldienste seiner Mutter dar und lässt das Paar in die Ungewissheit wegziehen.

Für das Fernsehen der DDR wird der Roman 1967 verfilmt, eine Adaptation, die sich durch dokumentarische Einschübe darum bemüht, die historische und politische Situation der Krisenjahre um 1930 zu verdeutlichen.

Hörspiel

Als der Roman im November 1932 in einer Hörspielbearbeitung aufgenommen wird, wohnt Fallada der Generalprobe im Radiostudio bei und ist geradezu gerührt von der Wirkung Lämmchens. Er begrüßt diese Bearbeitung, obwohl Ernst Rowohlt ihm in einem Brief vom 11. November 1932 ausdrücklich davon abgeraten hat,

92 Zitiert nach: ebd., S. 45.
93 Thüringer, S. 24

sich auf eine Dramatisierung des Romans im Hörspiel oder auf der Bühne einzulassen.

Der Norddeutsche Rundfunk strahlt 2010 eine neue Hörspielfassung von Irene Schuck (Bearbeitung und Regie) aus. Die *Berliner Literaturkritik* schreibt am 18. Oktober 2010: Mehr Aktualität könnte ein fast achtzig Jahre altes Werk wohl kaum aufbieten."[94]

Bühne

Erneuerte Aktualität des Romans

Zur ersten Dramatisierung des Romans kommt es 1934 nicht in Deutschland, sondern in Dänemark, wo der Lustspieldichter Jens Locher *Kleiner Mann – was nun?* angesichts seines großen Publikumserfolgs für die Bühne bearbeitet und inszeniert. Das Publikum scheint mehr peinlich berührt als erschüttert gewesen zu sein.

Vor dem Hintergrund neu aufbrechender und sich verschärfender Wirtschafts- und Finanzkrisen seit Anfang der 1970er Jahre werden Theaterbearbeitungen in jüngerer Zeit immer zahlreicher und haben großen Erfolg:

- → 1972 Schauspielhaus Bochum: Bearbeitung und Inszenierung **als Revue** von Tankred Dorst und Peter Zadek. Diese Wiederentdeckung und völlige Neubearbeitung des Stoffs führt während zwanzig Jahren zu mehr als 30 Inszenierungen an verschiedenen Theatern. Die Produktion in Bochum wird am 19. Dezember 1973 auf ARD ausgestrahlt, der Text dazu erscheint 1972 bei Suhrkamp.[95]
- → 2009 Münchner Kammerspiele: Vierstündige Inszenierung mit Filmprojektionen, Regie von Luk Perceval.

---

94 http://www.berlinerliteraturkritik.de/detailseite/artikel/kleiner-mann-was-nun-als-hoerspiel.html [Stand: Juni 2015].

95 Vgl. Dorst

- → 2011 Staatsschauspiel Dresden: Bühnenbearbeitung von Barbara Bürk.
- → 2011 Thalia Theater Hall: Bühnenfassung von Katka Schroth
- → 2013 Schauspiel Frankfurt: Regie von Michael Thalheimer.
- → 2014 Theater Bremen: Regie von Klaus Schumacher.
- → 2015 Deutsch-Sorbisches Volkstheater Bautzen: Regie von Nils Düwell (als Gast).

5. MATERIALIEN

Hans Fallada über die Entstehung von *Kleiner Mann – was nun?*

Recherchen zur Situation der Angestellten

Meine Damen und Herren, will ich Ihnen etwas vom Werden und Wollen meines Romans *Kleiner Mann – was nun?* erzählen, so muss ich mit dem Geständnis anfangen, dass ich nie die Absicht hatte, dies Buch, solch ein Buch zu schreiben. (...)

Aber wie ist das denn? Da sind also diese beiden jungen Leute, von denen wir so hübsch geträumt haben – und wovon werden sie, nebenbei bemerkt, leben? Nun, er wird sein Geld schon verdienen müssen, mein neuer Held, der Pinneberg. Sein Geld verdienen in heutiger Zeit –? Keine ganz einfache Sache – und dann droht womöglich der Abbau und vielleicht wird er stempeln gehen müssen – *[das Folgende ist im Manuskript gestrichen:* das kennen wir ja alles selbst ganz gut, denn unser Lebtag sind wir kleine Angestellte gewesen]. Also, ich sage zu meiner Frau: ›Weißt du, so ganz glatt wird es doch nicht gehen, mit meinen jungen Leuten. Ich seh da ein paar Schwierigkeiten für ihre glückliche Ehe. Ich will mir mal Material über die Lage der Angestellten ansehen ...‹

›Musst Du das?‹, fragt meine Frau, und mit dieser Frage hatte sie natürlich vollkommen recht, wenn man netto zwanzig Jahre Angestellter gewesen ist, (...) so braucht man eigentlich kein Material anzusehen. Man hat genug davon im Leibe. (...) Aber ich sammelte nun eben *doch* Material, ich las dicke Bücher, in denen statistisch das stand, was ich selbst am eigenen Leibe erfahren, – und dann war da noch die Sache, dass mein Pinneberg durchaus in der Herrenkonfektion arbeiten sollte, das hatte ich mir nun mal in den Kopf gesetzt. Nun habe ich in meinem Leben viele Berufe gehabt, aber Anzüge habe ich nie verkauft. Doch auch das gelang (...).

Nun, nach all dem Gesagten, wird es Sie kaum überraschen, dass es wieder genau so eine schwierige, langwierige, schwere Arbeit wurde, wie bei den Bauern und den Bomben, wie bei jedem Roman noch. (...)

Lämmchen als Antwort

Und unterdessen geht es weiter in mir, es ist wie ein Rausch, ich überschreite mein Quantum, ich schreibe in einem Tag das zweifache, das dreifache Pensum. (...)

Nun schön, man hat mir nicht nur Lobendes gesagt, man hat mich vor allem in vielen Briefen gefragt: warum weißt du keine Antwort auf die Frage: Kleiner Mann – was nun? *Ich* weiß schon eine Antwort und ich habe sie ja auch hingeschrieben, meine Antwort heißt Lämmchen. Aber ebenso gut weiß ich, dass dies nur eine Einzelantwort ist, dass es keine Antwort gibt, die für alle gilt. Es gibt nur private Antworten, für jedes Schicksal eine andere, ich habe es gut gemeint mit meinen Pinnebergs, hätte ich es denn durchaus übel meinen sollen mit ihnen? (...)

Aus dem unveröffentlichten Rundfunkmanuskript *Zur Entstehung*, abgedruckt in: Michael Grisko: *Hans Fallada. Kleiner Mann – was nun? Erläuterungen und Dokumente*. Stuttgart: Reclam, 2002 (RUB 16024), S. 57–58.

Ernest Hemingway oder Woran liegt es? (1931)

Hemingways Stil

Beschäftigt man sich mit dem Stil, so macht man beispielsweise die Entdeckung, dass Hemingway das schmückende Beiwort, das *Epitheton ornans*, nicht kennt. Er braucht natürlich Adjektive, aber wenn er weiße Elefanten sagt, so meint er Elefanten mit weißer Haut, und sagt er dunkle Straße, so meint er wirklich eine Straße, die dunkel ist, fertig. Er schmückt nicht, er macht keinen Schmus, er will keine Stimmungsmalerei machen, einmal versteigt er sich zu einem wirklich gut aussehenden Land – »es war wirklich gut aussehendes Land« – dies ist das Höchste, was er sagt. Und sein italienisch amerikanischer Leutnant formuliert das einmal so: »Mich verwirrten immer Worte wie heilig, ruhmreich und Opfer und der Ausdruck umsonst ... Es gab viele Worte, die man nicht anhören konnte, und schließlich hatten nur noch Ortsnamen Würde.«

Schön, also das ist der Leutnant Henry, heißt Ernest Hemingway. Er hat eine fanatische Liebe zu den Dingen, zu den guten greifbaren Dingen. Wenn er Apfel sagt, so meint er Apfel, den kennt man ja. Es gibt Leute, die brauchen die Verkleidung, den Schmuck, dagegen ist nichts zu sagen. Aber es gibt andere Leute, die finden, der Apfel ist für sie gut genug, auch wenn man ihn nicht rotbäckig, nicht wohlriechend nennt. Hemingway gibt nur das Notwendigste. So macht er das auch in der Art der Erzählung. Die ist unerhört primitiv. Erst tat er das, dann tat er das. Beinahe wie in der Bibel: Er ging hin und nahm ein Weib.

Erzählen ist Weglassen

Zeichnen ist Weglassen, auch Erzählen ist Weglassen. Es ist ganz ungeheuerlich, wie er das macht. Er erzählt Details über Details. Wie man in eine Stadt kommt, sich ein Hotelzimmer nimmt, mit dem Portier ein paar Worte spricht, raufgeht, sich wäscht, ein frisches Hemd anzieht, Anzüge in den Schrank hängt, wieder in die Stadt geht, eine Zeitung kauft – Details über Details, Weglassen aller Gefühle, es gibt keinen Autor –: und aus all dem steigt Traurigkeit auf, die Verlorenheit im Leben, unsere Ziellosigkeit, Ausgeliefertsein an das Schicksal. Hemingway spricht nie davon, er spricht nie von Gefühlen, wenn er von Liebe spricht, ist das keine hohe Göttertochter, sondern eine ganz irdische Sache, Geschwätz zu zweien, wie schön es ist, zusammen ins Bett zu gehen, den Regen vor den Fenstern zu hören, sich zu halten.

Er zeichnet nur ein paar Striche, grade die Striche, die notwendig sind für die Kontur. Das andere überlässt er seinen Lesern, uns. Nun kommt es darauf an, wie wir zu den Dingen stehen.

Da ist die Geschichte mit den Mördern. Ein Mann sitzt in seinem Zimmer und hat Angst, er weiß, er wird abgeschossen, davor hat er Furcht. Nun kann man ja erzählen, was für Gemeinheiten der Kerl gemacht hat, wie sie ihm draufgekommen sind, wie er ausgerissen ist von Zimmer zu Zimmer, von Stadt zu Stadt. Wie sie ihm näherkamen, wie er gerade noch einmal entwischte ... Nichts von alledem. Da kommen zwei Kerle in eine Bar, machen Witze, und drüben, drei Straßen weiter, sitzt er und hat Angst. Fertig.

Leser muss mitarbeiten

Er gibt den Umriss, das andere haben wir zu geben. Wenn wir etwas zu geben haben, da liegt das Geheimnis. Er gibt die Vorbedingungen für die Gefühle, das andere müssen wir schon machen, wenn wir eben fühlen können. Er gibt den Anlass zur Liebe, aber haben wir auch das Herz, zu lieben? Daran liegt es.

Wohl dem, der zwei Freunde für Hemingway hat.

Fallada, Hans: *Ernest Hemingway oder Woran liegt es?* In: Text+Kritik, Heft 200, X/2013: Hans Fallada, S. 3–6 → Erstdruck in: Die Literatur 33. August 1931, S. 672–674.

Siegfried Kracauer: *Asyl für Obdachlose* (1929)

Der Durchschnittsarbeiter, auf den so mancher kleine Angestellte gern herabsieht, ist diesem oft nicht nur materiell, sondern auch existentiell überlegen. Sein Leben als klassenbewusster Proletarier wird von vulgärmarxistischen Begriffen überdacht, die ihm immerhin sagen, was mit ihm gemeint ist. Das Dach ist allerdings heute reichlich durchlöchert.

Geistige Obdachlosigkeit der Angestellten

Die Masse der Angestellten unterscheidet sich vom Arbeiter-Proletariat darin, dass sie geistig obdachlos ist. Zu den Genossen kann sie vorläufig nicht hinfinden, und das Haus der bürgerlichen Begriffe und Gefühle, das sie bewohnt hat, ist eingestürzt, weil ihm durch die wirtschaftliche Entwicklung die Fundamente entzogen worden sind. Sie lebt gegenwärtig ohne eine Lehre, zu der sie aufblicken, ohne ein Ziel, das sie erfragen könnte. Also lebt sie in Furcht davor, aufzublicken und sich bis zum Ende durchzufragen.

Nichts kennzeichnet so sehr dieses Leben, das nur in eingeschränktem Sinne Leben heißen darf, als die Art und Weise, in der ihm das Höhere erscheint. Es ist ihm nicht Gehalt, sondern Glanz. Es ergibt sich ihm nicht durch Sammlung, sondern in der Zerstreuung. ›Warum die Leute so viel in Lokale gehen?‹, meint ein mir bekannter Angestellter, ›doch wohl deshalb, weil es zu Hause elend ist und sie am Glanz teilhaben wollen.‹ Unter dem Zuhause ist übrigens außer der Wohnung auch der Alltag zu verstehen, den die Inserate der Angestellten-Zeitschriften umreißen. Sie betreffen in ihrer Mehrzahl: Federn; Kohinoor-Bleistifte; Hämorrhoiden; Haarausfall; Betten; Kreppsohlen; weiße Zähne; Verjüngungsmittel; Verkauf von Kaffee in Bekanntenkreisen; Sprechmaschinen; Schreibkrampf; Zittern, besonders in Gegenwart anderer; Qualitätspianos gegen wöchentliche Abzahlung usw.

Aus: Siegfried Kracauer: *Die Angestellten* [Erstveröffentlichung 1929 in der *Frankfurter Zeitung*, Buchpublikation im Januar 1930]. Frankfurt am Main: Suhrkamp, 1971, S. 91.

6. PRÜFUNGSAUFGABEN MIT MUSTERLÖSUNGEN

Unter www.königserläuterungen.de/download finden Sie im Internet zwei weitere Aufgaben mit Musterlösungen.

Die Zahl der Sternchen bezeichnet das Anforderungsniveau der jeweiligen Aufgabe.

Aufgabe 1*

Das junge Ehepaar Pinneberg lebt im Lauf der Handlung in vier Unterkünften. Untersuchen Sie diese unterschiedlichen Wohnverhältnisse und zeigen Sie, was sie für das Schicksal des Paars bedeuten.

Mögliche Lösung in knapper Fassung:

ANALYSE

Die Pinnebergs wohnen bei der Witwe Scharrenhöfer, bei der Mutter Pinnebergs, beim Tischlermeister Puttbreese und in der Laube Heilbutts. Alle vier Unterkünfte sind sehr bescheiden. Aber während das junge Paar bei der Witwe Scharrenhöfer und bei der Mutter Pinnebergs nur ein Zimmer bewohnt und von der Wohnungsinhaberin abhängig ist, genießt es in der havarierten Wohnung bei Puttbreese und in der Laube Heilbutts eine gewisse Unabhängigkeit.

Bei Witwe Scharrenhöer

Die Wohnung der Witwe Scharrenhöfer ist „ganz oben" (37,13) in einem größeren Mietshaus, „es ist ein richtiger Mietskasten" (37,6), sagt Pinneberg, weit außerhalb Ducherows, „zwanzig Minuten von der Stadt. Kein gepflasterter Weg." (37,10 f.) In ihrer Wohnung versucht die Witwe Scharrenhöfer, den Glanz vergangener Tage aufrechtzuerhalten, und hält die Untermieter zu besonderer Sorge für „die guten Sachen von ihrer Mutter selig" (37,27 f.)

an. Pinneberg hat sich den Verhältnissen und den Vorschriften der Witwe unterworfen, er ist bereit, sich ganz langsam auf das alte Sofa zu setzen, die Witwe ins Zimmer kommen zu lassen, weil sie ihre Uhr selber aufziehen will, in einer Küche zu kochen, die keine ist, und das Wasser in derjenigen der Witwe zu holen. Lämmchen dagegen meldet schon größere Einwände gegen diese Auflagen an, als ihr Mann sie ihr ankündigt. Als sie dann das Zimmer sieht, „eine Schlucht, gar nicht mal so schmal, aber endlos lang, eine Reitbahn" (45,22 f.), zu vier Fünfteln vollgestellt mit Möbeln und unnützen Gerätschaften und überdies ausgeschmückt mit kitschigem Plunder voller Staub, ist sie entschlossen, zum frühestmöglichen Termin zu kündigen.

Pinneberg hat bisher „eigentlich beim Mieten alles so ziemlich eingeleuchtet" (46,12 f.), und nun öffnet seine Frau ihm nicht nur die Augen über die Unzumutbarkeit der Wohnverhältnisse, sondern auch über ihr eigenes energisches und lebenserfahrenes Wesen: „Weißt du, Lämmchen, ich habe dich mir ganz anders gedacht. Viel sanfter …" (47,30 f.), und sie antwortet: „Dachtest du, ich wäre Zucker, wo ich seit der Schule ins Geschäft gegangen bin, und bei *dem* Bruder, *dem* Vater, *der* Vorgesetzten, *den* Kollegen!" (47,34–36) Als Arbeitertochter hat sie früher als Pinneberg gelernt, sich zu wehren und zumutbare Lebensbedingungen zu verlangen. Dies offenbart sie Pinneberg aber erst, als es um Fragen des Haushalts geht. Damit entspricht sie der herkömmlichen Rollenverteilung zwischen dem berufstätigen Mann und der haushaltenden Ehefrau.

Bei Pinnebergs Mutter

In Berlin, bei der Mutter Pinnebergs, zu der das Paar auf Lämmchens Initiative hin umzieht, ist die junge Frau weniger unbeugsam und fordernd, denn jetzt geht es darum, dass ihr stellungsloser Mann wieder eine bezahlte Arbeit findet, und zudem möchte sie ihrer Schwiegermutter eine gute Schwiegertochter sein. Das junge Paar wohnt zwar in einem „fürwahr fürstlich" (129,8 f.) ausgestatteten

Zimmer, viel zu fein nach Ansicht Pinnebergs, muss seine Küche aber mit der Wohnungsinhaberin teilen und dort auch gleich die Hauptarbeit übernehmen. Jachmann findet es Unsinn, dass Pinneberg „hundert Mark für die Mottenkammer" (136,10 f.) zahlt, und kündigt ihm an, dass im Zimmer nebenan, das auf dem Weg zum Klo zu durchqueren ist, lärmige Abendgesellschaften stattfinden werden. Dass Lämmchen ein Kind erwartet, darf er die Wohnungsinhaberin gar nicht erst wissen lassen. Diese nimmt sich hingegen das Recht, auch noch um Mitternacht bei den jungen Leuten reinzuschauen, wenn ihr danach ist, ob diese nun im Liebesspiel grade „ein unermeßliches Meer von Seligkeit" (183,3 f.) erleben oder nicht. Diese Unannehmlichkeiten bilden aber weder für Lämmchen noch für Pinneberg einen Grund auszuziehen. Erst als sie erfahren, dass Mia Pinneberg in Inseraten für ihre Abendgesellschaften und die damit einhergehenden Kuppeldienste wirbt und damit Pinnbergs Stelle bei Mandel gefährdet, sind sie sofort entschlossen auszuziehen.

Beim Tischlermeister Puttbreese

Wiederum ist es Lämmchen, die die Initiative übernimmt und eine neue Unterkunft findet: „die Löcher" (199,1) im Möbellager des Tischlermeisters Puttbreese, zwei fensterlose Zimmer, erreichbar nur mehr über eine „Hühnerleiter" (199,3), weil der Rest der Wohnung einem neu eingebauten Kino hat weichen müssen. Wasseranschluss ist vorhanden, aber das Klo liegt unten im Lagerschuppen des Tischlermeisters. Die Zimmer sind jedoch wohnlich ausgestattet, und zum ersten Mal lebt das junge Paar in eigenen Wänden: „Allein sind wir hier", jauchzt Lämmchen. „Kein Mensch sieht uns mehr in unseren Kram. Herrlich ist es." (203,8–10) Mit der anzüglichen Ruppigkeit Puttbreeses kommt sie gut zurecht, und dass die Tür gegen den Zug abgedichtet werden muss, kommt Pinneberg erst im März in den Sinn, als er allein in der Wohnung ist, weil Lämmchen ihrer Wehen halber im Krankenhaus liegt. Die Unterkunft wird jetzt mit „einer halben Schiffskabine“ (234,31) verglichen, das Großstadtleben drum herum erinnert Pinneberg an „die Dünung der See“ (235,4–5) in Lensahn, wo er Lämmchen kennen und lieben gelernt hat. Das Bild verdeutlicht zum einen, wie das junge Paar in seinen Wänden eine gewisse Sicherheit vor dem Ungestüm der gefahrvollen Außenwelt findet, zum anderen aber auch, dass diese Sicherheit durch die Unrast des krisenhaften Großstadtlebens jederzeit bedroht ist.

In Heilbutts Laube

Als sich das Paar nach der Entlassung Pinnebergs bei Mandel die zwei Zimmer nicht mehr leisten kann, findet es in der Laube Heilbutts seine letzte Bleibe: ein kleines Zimmer, „drei zu drei Meter, es standen darin nichts wie Bett, zwei Stühle, ein Tisch und die Frisiertoilette.“ (357,11–13) Die Küche, „nicht mehr als ein Handtuch, drei Meter lang und anderthalb breit“ (357,23 f.), darin „der kleinste Herd von der Welt mit nur einem Kochloch“ (357, 24 f.), davor ein kleiner Glasanbau und eine größere Parzelle, bedeckt von „Unkraut, Quecken und Disteln.“ (358,5) Heilbutt erlässt Pinneberg den Unkostenbeitrag für die Abgaben in der Laubensiedlung, wenn er ihm das Dach teert und gut heizt, um die Laube vor Feuchtigkeit und dem damit einhergehenden Schwamm zu schützen. Noch bevor Pinneberg sich in der Stadt durch Puttbreese und den Schupo völlig gedemütigt und mit der Aussichtslosigkeit seiner Lage konfrontiert sieht – Armut, Elend, Makel, Verdacht –, zeigt schon die schäbige Bleibe in der Laubensiedlung an, dass er nun auf der untersten Stufe der Gesellschaft angekommen ist. Und doch bietet diese Unterkunft ihm ganz zum Schluss wieder etwas Halt, weil er von Lämmchen dahin zurückgeführt wird, „ins Haus, in dem der Murkel schläft.“ (392,5)

In den Unterkünften zeigen sich so sowohl die jeweiligen Abhängigkeiten der jungen Eheleute, ihr Bemühen um Selbstständigkeit und ein eigenes Ehe- und Familienleben, die Veränderungen in ihrer Beziehung und in ihren Rollen als Ehemann und -frau und der fortlaufende Niedergang des „kleinen Mannes", aber zum Schluss auch die Andeutung einer Antwort auf die Frage „was nun?" Denn der Gang „ins Haus, in dem der Murkel schläft", im letzten Satz des Romans gibt an, dass dem „kleinen Mann" weniger an einer politischen und gesellschaftlichen Umwälzung liegt als am Zusammenhalt der kleinen familiären Zelle in den eigenen vier Wänden und seien diese noch so eng und dürftig.

Aufgabe 2 **

Das Kino, das im Alltag der 1930er Jahre immer wichtiger wird, spielt auch in *Kleiner Mann – was nun?* eine wesentliche Rolle. Untersuchen Sie, in welchen Zusammenhängen es vorkommt und welche Bedeutung der Roman ihm zuschreibt.

Mögliche Lösung in knapper Fassung:

INTERPRETATION

Als das Zusammenleben Pinnebergs und Lämmchens im Zimmer bei der Witwe Scharrenhöfer beginnt, stellt der Erzählkommentar Überlegungen zu den Bedingungen des Ehealltags an und zählt auf: „Essen, Trinken, Schlafen, das Geschäft, der Haushalt, sonntags ein Ausflug, abends mal ins Kino!" (39,22–24) Pinneberg und Lämmchen sind dann aber so sehr mit dringenderen Fragen des Haushalts und des Berufs beschäftigt, dass sie erst ins Kino gehen, als Jachmann sie dazu einlädt. Beim gemeinsamen Überlegen, welche Ausgaben sie sich nach der Geburt des Murkel noch werden leisten können, fragt Pinneberg, wie es mit dem Geld für Ausgänge steht: „Wohin willst du denn für drei Mark ausgehen? Kino?" (216,24 f.) Tatsächlich bildet das Kino in seinen Anfängen eines der wenigen einigermaßen bezahlbaren Hauptvergnügen ärmerer Leute wie der

Pinnbergs. Lämmchen aber möchte die monatlichen drei Mark lieber aufsparen und nach längerer Zeit dann „einmal in meinen Leben richtig, richtig ausgehen wie die reichen Leute. Gar nicht dabei aufs Geld sehen." (216,27–29) Als Pinneberg sich beim Warten auf die Geburt seines Kindes ablenken will, geht er denn auch nicht ins Kino nebenan, sondern zu Heilbutt nach Hause.

Der Roman zeigt aber auf eine andere, originellere Weise, wie das Kino im Alltag der frühen 1930er Jahre immer wichtiger wird. Die zwei Zimmer beim Tischlermeister Puttbreese, in die Pinneberg und Lämmchen einziehen, gehörten zu einer Wohnung, deren übrige Teile dem Einbau eines Kinos weichen mussten. „Bis zur Tür von unserem Schlafzimmer geht der Saal vom Kino. Alles andere ist weg für den Kinosaal. Diese zwei Zimmer sind übriggeblieben" (202,27–30), erklärt Lämmchen ihrem Ehemann die Situation. Als sie in Puttbreeses Lager eintreten, zeigt sie ihm eine schwarze Wand und erklärt: „Das ist nämlich das Kino, du hast doch das Kino gesehen? (...) und nun steigen wir dem Kino auf das Dach." (201,6–11) Mit dieser Wendung verdeutlicht Lämmchen ihre ambivalente Haltung gegenüber dem Kino. Einerseits steigen die beiden ja tatsächlich in den Teil des Hauses hinauf, der über dem Kino liegt, auf sein Dach also, andererseits heißt „jemandem auf das Dach steigen" auch, jemandem keinen (Haus-)Frieden lassen, sich bei ihm beschweren oder gar ihn bedrängen und schelten. Die Ambivalenz des Kinos liegt darin, dass sein Einbau Wohnraum weggenommen hat, es verdient also, dass man ihm „auf das Dach steigt", sich beschwert, andererseits verbilligt er nun das Wohnen für die Pinnebergs, soweit sie sich mit den zwei übrig gebliebenen Zimmern begnügen, also auf Küche, Klo und Treppenhaus verzichten und bereit sind, ihre Unterkunft über eine „Hühnerleiter" (199,3) zu erreichen.

Erst auf die Einladung Jachmanns hin aber besucht das junge Ehepaar dann tatsächlich einmal ein Kino. Für Jachmann gehört das Kino zum Alltag, er holt aus den Kinobesuchen eine gute Portion seiner Selbstsicherheit: „Ins Kino muss man immerzu gehen, jeden Abend womöglich, so lange man es nur aushält. Das gibt Selbstvertrauen, mir kann keiner, die andern sind alle noch zehnmal so doof …" (299,6–9) Offenbar mag er Filme mit starken Helden, die er nachahmen kann. Es gelingt ihm, Pinneberg zu begeistern, der den Kinobesuch mit Jachmann nun als Teil des großen Ausgangs sieht, wie er Lämmchen schon lange vorschwebt: „Wir gehen ganz groß aus. Kabarett und Bar, denke dir. Und zuerst ins Kino." (308,24 f.) Im Kino zeigt sich, dass Pinneberg und Lämmchen tatsächlich „eine Ewigkeit nicht im Kino gewesen" (299,4) sind. Jachmann dagegen erweist sich wirklich als abgebrühter Kinogänger. Schon zu Beginn des Films erklärt er angesichts des Protagonisten, der mit schwarz behaarten Beinen aus dem Bett steigt, fachmännisch: „Richtige Kinohelden (…) dürfen überhaupt keine Haare an den Beinen haben. Dieser Film ist todsicher eine Pleite." (309,13–15) Ihm schwebt ein Kino als Traumfabrik vor, in der die Helden ebenso zurechtgeschliffen werden wie die Wirklichkeit, während der Film mit der Geschichte des kleinen Kassierers ihre weniger glanzvollen Seiten zeigt. Gerade aufgrund seiner Wirklichkeitsnähe aber lassen Pinneberg und Lämmchen sich nun von den Filmszenen packen. Als der Protagonist, ein kleiner Kassierer, seiner ausgabefreudigen Frau dank der Hilfe des Sohnes eines Bankdirektors viel Geld nach Hause bringen kann, sieht Pinneberg vor allem die Wonne des Ehemannes, der seine Frau glücklich machen kann: „Siehst du, wie er liegt und lächelt" (313,2), flüstert er „atemlos" zu Lämmchen. Sie hingegen befürchtet die damit einhergehenden Verwicklungen: „Der arme Mensch (…). Es kann doch nicht gut ausgehen. Ob er jetzt ganz glücklich ist? Ob er gar keine Angst hat?" (313,4–6) Jachmann jedoch urteilt wieder fachmännisch distanziert: „Dieser Franz Schlüter ist ein sehr begabter Schauspieler." (313,7) Als der kleine Kassierer schließlich, betrogen und verlassen von seiner Frau, ganz alleine dasteht, sind Pinneberg und Lämmchen ganz betrübt. Ihnen geht die traurige Geschichte so nah, dass Jachmann die „beiden großen Kinder" (314,33) verspottet: „So sollten auch die Frömmsten nicht auf jeden Kitsch reinfallen!" (315,6 f.) Lämmchen hält ihm entgegen: „Wenn das auch alles nicht stimmt und nur Kintopp ist, das ist richtig, dass unsereiner immer Angst haben muß, und daß es eigentlich ein Wunder ist, wenn es eine Weile gut geht. Und daß immerzu etwas passieren kann, gegen das man ganz wehrlos ist, und daß man immerzu staunen muß, daß es nicht jeden Tag passiert." (315,17–23) Doch Jachmann, „der alte Kinotiger" (310,13), wehrt ab: „Ach, alles ist immer nur so gefährlich, wie man's werden läßt (...), man braucht es ja nicht an sich ranzulassen." (315,24-26)

DEUTUNG

Die Szene zeigt so beispielhaft zwei Rezeptionsweisen, mit denen auch Fallada bei seinem Lesepublikum rechnet: Lämmchen zeigt im emotionalen Mitgehen ihre Fähigkeit und Bereitschaft zur Empathie, ist sich dabei durchaus bewusst, dass sie es mit einer Fiktion zu tun hat, sieht den Wert z. B. der mitempfundenen Angst aber darin, dass sie eine Grundbefindlichkeit der Zeit offenbart. Jachmann hingegen will nichts „an sich ranlassen" und weicht immer wieder dort, wo bestimmte Szenen ihn berühren könnten, auf fachmännische Äußerungen zur Machart des Films aus. Der Roman favorisiert die Rezeptionsweise Lämmchens dadurch, dass die Erzählstimme in der Wiedergabe der Filmszenen ebenfalls emotional mitgeht und zugleich eine gewisse Allgemeingültigkeit des Nacherzählten betont. Ersteres geschieht am deutlichsten dort, wo vom Glück des Kassierers die Rede ist: „O du armes, kleines demütiges Gesicht, hier ist deine Chance gekommen, nie wirst du sagen können, nie, daß du immer nur klein warst, auch du bist König gewesen!" (312,29–31) Letzteres zeigt sich vor allem darin, dass der Text den kleinen Kassierer dreimal ausdrücklich den „Kleinen Mann" nennt (311,17; 311,22; 314,9). Mit der Großschreibung des Adjektivs wird der „Kleine Mann" zum Namen für den Typus vieler Männer in derselben sozialen und psychischen Situation. Im kleinen Kassierer im Film sieht der kleine Mann Pinneberg sich gespiegelt, und durch den Namen „Kleiner Mann" werden sie beide zu einem Typus vereinigt.

Im Kinoerlebnis Pinnebergs und Lämmchens spiegelt der Roman also sowohl die Rezeptionsweise, die der Autor mit ihm anstrebt, wie seinen wesentlichen Inhalt und das Thema, das er schon in seinem Titel anspricht. Die Frage „Was nun?" im Romantitel greift Lämmchen durch ihre verallgemeinernde Aussage über die Angst auf, „daß immerzu etwas passieren kann, gegen das man ganz wehrlos ist" (315,19–22). Die ebenso verdeutlichende wie zugleich verallgemeinernde und distanzierende Wirkung der Spiegelung ergibt sich auch daraus, dass der Spiegel die Dinge seitenverkehrt zeigt. Im Fall der Spiegelung Pinnebergs im kleinen Kassierer ist es ja so, dass die Frau des einen seine sicherste Stütze ist und das Zusammenbleiben mit ihr ihn rettet, während die Frau des anderen ihn der Gefahr des finanziellen Ruins aussetzt und die Trennung von ihr seinen Untergang herbeiführt. Diese Verkehrung verleiht der spiegelnden Verdeutlichung und Verallgemeinerung auch einen ironischen Ton.

Diese Ironie der Verkehrung hebt der Roman zum Schluss noch dadurch hervor, dass der Schauspieler Schlüter, der die Rolle des „Kleinen Mannes" im Film so überzeugend spielt, in der Kleiderabteilung des Warenhauses Mandel auftaucht und Pinneberg zur Verzweiflung treibt, indem er ihm einen Kunden vorspielt, der eine Stunde mit ihm verhandelt und alle möglichen Kleider anprobiert, nur um dann dezidiert jeden Kauf zu verweigern: „Kaufen tu ich es natürlich nicht." (346,5) Er hat Pinneberg als Verkäufer dazu missbraucht, sich im Anprobieren der Kleider in künftige Rollen hineinzudenken. Er verkündet zu Beginn: „Niemand sei niemandes Diener!" (343,27) und pocht dann während einer Stunde auf Pinnebergs Dienste, ohne sich ihm im irgendeiner Weise verpflichtet zu fühlen. Er ist stolz darauf, den kleinen Mann gespielt zu haben, aber als Pinneberg sich selbst also solcher zu erkennen gibt, will er nichts davon wissen. Pinneberg erklärt ihm: „Verstehen Sie, uns kleinen Leuten geht es nicht sehr gut jetzt, und manchmal ist es so, als grinste uns alles an, das ganze Leben, verstehen Sie, und man wird so klein ..." (345,12–15) Die Entlassungsszene, die dann folgt, macht dies zum ironischen Prolog, Schlüters ausweichende Antwort: „Die Stimme des Volkes" (345,16) gibt der Aussage Pinnebergs die Resonanz eines Chors in der Tragödie. Nur dass die Ironie überwiegt und in den sarkastischen Hohn mündet. Vergeblich erinnert Pinneberg Schlüter an seine tatsächliche Situation: „Sie wissen doch, wie uns zumute ist! Sie haben es doch gespielt!" (347,1 f.) Das war aber eben „nur Kintopp" (315,17), wie Lämmchen richtig sagte, und dass Pinneberg sich darauf beruft, erscheint Schlüter ironischerweise ein „Affentheater" (346,32) – eine nochmalige Verkehrung der Verhältnisse: Was für Pinneberg ernsthafteste Not ist, erscheint dem Schauspieler Schlüter, der nur herkam, um etwas zu erproben, als Theater!

Das Kino, das Anfang der 1930er Jahre immer populärer wird, zeigt sich so in einer schillernden Ambivalenz: Als Medium der realistischen Darstellung der Wirklichkeit führt es Pinneberg und Lämmchen ihre sozialen Nöte und Ängste modellhaft vor Augen, als Medium der Karriere Schlüters auf der Leinwand ist es Welten von diesen Nöten und Ängsten entfernt bzw. trägt sogar dazu bei, sie zu verschärfen.

Aufgabe 3 ***

Lesen Sie oben (unter 5. Materialien) Siegfried Kracauer: *Asyl für Obdachlose* und zeigen Sie auf, wie weitgehend Fallada sich von der Lektüre dieser Abhandlung aus dem Jahre 1929 hat anregen lassen.

ANALYSE

Mögliche Lösung in knapper Fassung:

Kracauer betont, mancher kleine Angestellte sehe gerne auf den Durchschnittsarbeiter herab, während dieser ihm oft nicht nur materiell, sondern auch existenziell überlegen sei. Fallada zeigt die Beziehung zwischen einem Angestellten und einer Arbeiterfamilie gleich zu Beginn von *Kleiner Mann – was nun?* in der Begegnung Pinnebergs mit der Familie Mörschel, den Eltern Lämmchens und ihrem Bruder. Mutter Mörschel macht Pinneberg auf die Bescheidenheit ihrer Tochter als eines Arbeitermädchens aufmerksam und hält ihm vor, er sei zu schick gekleidet: „Sie sehen doch auch nicht nach Sparen aus. Wenn man mit solchem Anzug rumläuft, bleibt nichts übrig." (20,1 f.) In ihren Augen gibt Pinneberg sich mit seiner Angestelltenkleidung den Anschein, etwas Besseres zu sein, während er gar keine Wahl hat und ihr innerlich Recht geben muss, dass die Beschaffung dieser Kleidung sein Einkommen deutlich schmälert. Vater Mörschel unterwirft Pinneberg einer Befragung, die ihm zeigen soll, dass er den Arbeitern materiell und existenziell unterlegen ist, denn aufgrund des Monatslohns werden ihm seine vielen Überstunden nicht bezahlt wie den Arbeitern, er weiß nicht einmal, ob dies in einem Tarifvertrag geregelt ist oder nicht, er kann sich weniger auf die Solidarität seiner Kollegen verlassen, und mit seiner Angestellten-Gewerkschaft sitzt er „zwischen zwei Stühlen" (23,4), das heißt zwischen Arbeitern und Unternehmern. Angesichts dieser Nachteile wirkt es in den Augen Mörschels umso seltsamer, dass Angestellte denken, sie seien etwas Besseres als die Arbeiter. Pinneberg leugnet zwar ab, einen solchen Dünkel zu vertreten, betont dann aber gleichwohl: „Wir denken doch auch anders als die meisten Arbeiter, wir haben doch andere Bedürfnisse..." (23,23–25) Das wiederum bestreitet Mörschel: „Sie denken genauso wie ein Prolet ..." (23,26 f.) Diese Aussage ist nach Kracauer insofern gerechtfertigt, als er davon ausgeht, dass die Masse der Angestellten geistig obdachlos geworden ist: „das Haus der bürgerlichen Begriffe und Gefühle, das sie bewohnt hat, ist eingestürzt, weil ihm durch die wirtschaftliche Entwicklung die Fundamente entzogen worden sind." Das sieht Pinneberg zum Zeitpunkt der Begegnung mit Mörschel noch nicht, denn er glaubt sich seiner Stelle und der damit gegebenen Aufstiegsmöglichkeiten noch sicher. Mörschels Leben hingegen „als klassenbewusster Proletarier wird von vulgärmarxistischen Begriffen überdacht, die ihm immerhin sagen, was mit ihm gemeint ist." Dass dieses Dach „allerdings heute reichlich durchlöchert ist", wie Kracauer 1929 feststellt, zeigt der Streit innerhalb der Familie Mörschel zwischen dem sozialdemokratischen Vater und dem kommunistischen Sohn.

Den Lesenden erscheinen die Äußerungen Mörschels zu Beginn des Romans noch wie düstere Zukunftsprophezeiungen. Im Lauf der gesamten Romanhandlung werden sie in ihrer Düsternis aber sogar noch weit übertroffen.

Als Pinneberg die Erfahrung der Entlassung in Ducherow gemacht und in Berlin mühsam eine neue Stelle gefunden hat, ist er schon nicht mehr so sicher, dass er viel anders denkt als die Arbeiter oder gar Arbeitslosen: „Äußerlich gehört Pinneberg nicht zu ihnen, ist fein in Schale. (...) Aber irgendwie fühlt Pinneberg, daß er (...), trotzdem er nun gerade wieder Verdiener geworden ist, doch viel eher zu diesen Nichtverdienern gehört als zu den Großverdienern. Er ist einer von diesen, jeden Tag kann es kommen, daß er hier steht wie sie, er kann nichts dazu tun. Nichts schützt ihn davor." (146,26–147,6) Nun scheint in der Szene im Kleinen Tiergarten, wo er dem Arbeitslosen begegnet, auch sein „Haus der bürgerlichen Begriffe und Gefühle (...) eingestürzt", wie Kracauer sagt, und Pinneberg will den Ministern und anderen Hochgestellten, die schöne Reden halten, nichts mehr glauben: „Im tiefsten Innern sitzt es, die wollen alle was von mir, für mich wollen sie doch nichts." (147,12 f.) Selbst von seiner Gewerkschaft hält er nun nicht mehr so viel wie noch im Gespräch mit Mörschel: „Ach, die sind ja nur höflich, wenn sie Geld von einem haben wollen." (161,16 f.)

Von den Arbeitern aber unterscheidet ihn, dass er sich „allen" gegenüber ganz allein fühlt, dass er „zu den Genossen", wie Kracauer schreibt, „vorläufig nicht hinfinden kann" und wie die Masse der Angestellten lebt, „ohne eine Lehre, zu der sie aufblicken, ohne ein Ziel, das sie erfragen könnte." Er lebt viel mehr wie sie „in Furcht davor, aufzublicken und sich bis zum Ende durchzufragen." Er weiß, dass seine Frau aufgrund ihrer Herkunft aus der Arbeiterfamilie einer „Lehre" und einem „Ziel" näher ist als er: „Sie hat so ein paar einfache Begriffe, daß die meisten Menschen nur schlecht sind, weil sie schlecht gemacht werden, daß man niemanden verurteilen soll, weil man nicht weiß, was man selber täte, dass die Großen immer denken, die Kleinen fühlten es nicht so – solche Sachen hat sie in sich, nicht ausgedacht, die sind in ihr. Sie hat Sympathien für die Kommunisten." (148,1–7) Während es für Lämmchen „natürlich" (211,15) ist, dass sie die Kommunisten wählt, kann Pinneberg sich nicht entscheiden: „Ich möchte ja auch immer, aber dann bringe ich es doch nicht fertig. Vorläufig haben wir ja noch eine Stellung, da ist es ja noch nicht nötig." (211,17–19) Er spürt nur die „Furcht, aufzublicken und sich bis zum Ende durchzufragen", und fühlt sich darin so allein, dass er meint, selbst mit seiner Frau nicht darüber sprechen zu können.

Im Unterschied zum Bild der Angestellten, das Kracauer entwirft, erscheint Pinneberg „das Höhere", das er immer noch sucht, nicht im äußeren „Glanz" der Zerstreuung, sondern in der Festigung seiner Ehe mit Lämmchen und im Aufbau der Familie mit Murkel. Als er es in der Erwartung der Geburt des Kindes nicht mehr mit sich selbst aushält, geht er weder trinken noch ins Kino, sondern zu Heilbutt. Dieser hingegen entspricht Kracauers Beobachtung insofern, als er die Zerstreuungsmöglichkeiten der Angestellten durchschaut und seine Nähe zu ihnen gerade dann verrät, wenn er sich von ihnen abzuheben sucht und den Glanz des Höheren in Aktfotos und Kulturabenden der Freikörper-Bewegung beschwört: „Sport und Theater und Mädchen und Politik, und alles, was die Kollegen machen, das sind alles nur Betäubungsmittel, das ist alles nichts. In Wirklichkeit ..." (242,28–31) In Wirklichkeit geht es Heilbutt wie den anderen: „Glaubst du (...), ich könnte das aushalten, dies ewige Verkaufen und die albernen Kollegen und diese Schweine von Vorgesetzten (...) und all das da draußen, diesen ganzen Mist in Deutschland, wenn ich das nicht hätte...? Man müßte ja verzweifeln, aber so weiß ich, es wird einmal anders werden. Das hilft, Pinneberg. Das hilft." (242,18-25)

Von Heilbutt wie von den Kollegen, die er beschreibt, unterscheidet Pinneberg sich dadurch, dass er nichts empfinden mag, was „nicht mit Lämmchen zusammenhängt. Er gehört ihr, wie sie ihm gehört, er will keine Lust empfinden, deren Quelle und Mündung sie nicht ist, er will nicht." (246,1–3) Zum Gegenstand, in dem sich der Glanz dieses „Höheren" sammelt, wird für ihn die Frisiertoilette, die Lämmchen sich gewünscht hat. Sie träumt davon, und beim Spaziergehen haben die beiden „etwas, das man dabei ansehen konnte: Sie betrachteten Frisiertoiletten." (162,15 f.) Im Schaufenster der Firma mit dem sprechenden Namen „Himmlisch" zeigt sich ihnen schließlich unter allen anderen Frisiertoiletten „der oberste der Lieblinge“ (162,22 f.). Und weil dieses Objekt nun zum „Höheren“ wird, das beide erstreben, begeht Pinneberg die Torheit, fast seinen ganzen ersten Monatslohn für den Erwerb des lange Herbeigesehnten auszugeben. Darin findet er nun dieselbe Kompensation für die Mühen der Arbeit als Angestellter wie Heilbutt in den nackten Körpern: „Heilbutt, die mögen uns schlecht behandeln und saumäßig bezahlen, und wir mögen nur Dreck für sie sein, für die Bullen da oben… (…) Aber so was können sie uns doch nicht nehmen. Die sollen bloß abhauen mit ihrem ganzen Gerede. Aber dass ich hier meine Frau mit ihrem Bademantel im Spiegel sehe, das können sie mir doch nicht nehmen.“ (174,3–12) Am Glanz der Frisiertoilette, „kaukasisch Nußbaum“ (162,34) und ihres Spiegels können Pinneberg und Lämmchen noch festhalten, als sie völlig abgewirtschaftet in der Laube Heilbutts enden. Im drei mal drei Meter großen Zimmer stehen nur mehr ein „Bett, zwei Stühle, ein Tisch und die Frisiertoilette. Damit war es alle.“ (357,12 f.)

Alle übrigen Anzeichen seiner Angestelltenexistenz muss er ablegen. Puttbreese sieht in ihm anlässlich seines Besuchs zur Abzahlung der Mietschulden nur noch einen Arbeitslosen unter vielen. Er verhöhnt ihn zunächst für seinen Stolz auf seine Frau: „Das sagen Sie, als wenn Sie sich darauf was einbilden könnten. Aber Sie müssen sich darauf nichts einbilden, mit Ihnen hat das nichts zu tun.“ (370,1–3) Dann verdeutlicht er ihm seine proletarische Existenz, indem er vermutet, er müsse zum Kommunisten geworden sein: „Komisch. Wenn ich Sie wäre, ich wäre Kommunist.“ (370,19) Und schließlich höhnt er: „Machen Sie sich doch den Kragen ab (…). Das Ding ist ja ganz dreckig. Über ’n Jahr arbeitslos und läuft noch mit ’nem Gipsverband. Solchen ist wirklich nicht zu helfen.“ (371,1–4) Pinneberg hat das Anzeichen seiner Angestellten-Existenz beibehalten, obwohl er nun am Endpunkt der Proletarisierung angekommen ist, wie die Angestellten sie nach Kracauer zwar objektiv erleben, subjektiv aber nicht wahrhaben wollen. Als Pinneberg sich dann vor einem Modewarengeschäft in einem großen Spiegel sieht, wird ihm bewusst, dass Puttbreese richtig lag: „– eigentlich hat Puttbreese recht, ein Kragen dazu ist Quatsch. Er ist ein heruntergekommener Arbeitsloser, jeder sieht ihm das auf zwanzig Schritte an. Pinneberg greift nach seinem Hals und macht den Kragen ab, er steckt ihn mit dem Schlips in die Manteltasche. Viel anders sieht er nun auch nicht aus, es ist nicht mehr viel zu verderben an ihm, Heilbutt wird nichts sagen, aber Heilbutt wird doch Augen machen." (371,21–28) Denn obwohl Pinneberg abgerissen ist wie ein arbeitsloser Proletarier, Kragen und Schlips hat er bis dahin doch immer noch als Unterscheidungsmerkmal des Angestellten beibehalten. Die nun auch äußerlich vollzogene Degradierung verschafft ihm aber nicht die Behausung, die ein „klassenbewusster Proletarier" nach Kracauer hat, weil sein Leben „von vulgärmarxistischen Begriffen überdacht" wird. Pinneberg bleibt in diesem Sinne obdachlos und erkennt, als er sich, von einem Schupo gedemütigt und weggejagt, in einem Schaufenster ein weiteres Mal gespiegelt sieht, „daß er draußen ist, daß er hier nicht mehr hergehört, daß man ihn zu Recht wegjagt: ausgerutscht, versunken, erledigt." (380,2-4)

Deutlicher könnte die soziale und geistige Obdachlosigkeit, die Kracauer anspricht, nicht ins Bild gesetzt werden. Als einziges „Asyl" des solchermaßen „Obdachlosen", der sich vor seiner Laubenunterkunft in die Büsche geschlagen hat, bietet sich ihm zum Schluss nur die Familie mit Lämmchen und Murkel an.

Aufgabe 4 ***

Geben Sie kurz wieder, was Fallada in *Ernest Hemingway oder Woran liegt es?* hinsichtlich einer vorbildlichen Erzähltechnik und Sprache festhält, und untersuchen Sie anhand des Textbeispiels S. 384,5–385,13, inwieweit Fallada diesem Vorbild folgt und was ihn davon unterscheidet.

ANALYSE

Mögliche Lösung in knapper Form:

Fallada schätzt an Hemingways Texten, dass sie den Lesenden eher suggerieren, was in und zwischen den dargestellten Figuren geschieht, als dass sie es ausführen oder gar ausschmücken. Er vergleicht Hemingways Kunst mit der eines Zeichners, der zwar viele materiell fassbare Gegenstände und Vorgänge aufs Blatt bringt, „Details über Details", aber nur wenige Striche verwendet, „gerade die Striche, die notwendig sind für die Kontur", sich also mit dem Umriss begnügt und es den Rezipienten überlässt, die Zusammenhänge und Hintergründe herzustellen. Den Strichen des Zeichners entspricht eine Sprache, die jedes ausschmückende Beiwerk weglässt und z. B. Adjektive nur dort verwendet, wo sie dazu dienen, das vor Augen zu führen, was auch sichtbar ist. Diese Technik erinnert an jene des Films, der uns auch nur zeigt, was sicht- und hörbar wird, und innere oder zwischenmenschliche Vorgänge weder ausmalen noch näher beleuchten kann.

Im Textausschnitt S. 384,5–385,13 hält sich Fallada insofern ans Vorbild Hemingways, als er sich ganz darauf beschränkt zu zeigen, wie das Gespräch zwischen Lämmchen und Jachmann verläuft, also nur wiedergibt, was sie äußern und wie sie sich verhalten, und sich jede weitergehende Darlegung versagt. Es handelt sich um eine höchst emotionale Szene. Lämmchen wartet in der Laubensiedlung seit Stunden auf die Rückkehr Pinnebergs aus Berlin und macht sich größte Sorgen. Wir Lesenden können diese Sorgen umso eher verstehen, als wir Pinneberg zum Schluss des vorhergehenden Kapitels im Augenblick seiner größten Verzweiflung verlassen haben: „Vorwärtskommen und Hoffen: Es war einmal. Armut ist nicht nur Elend, Armut ist auch strafwürdig, Armut ist Makel, Armut heißt Verdacht." (380,5-8) Dass Lämmchen sich das Schlimmste vorstellt und es im zweimaligen Satzabbruch „er kann ..." (384,25 + 29-30) nicht auszusprechen wagt, können wir gut nachvollziehen. Wir wissen im Unterschied zu ihr, dass Pinneberg wirklich auf dem Tiefpunkt der Verzweiflung angelangt ist und sich etwas antun könnte. Die Kunst Falladas in diesem Textausschnitt besteht darin, all dies bloß anzudeuten. Und wir verstehen, warum weder Lämmchen noch Jachmann ausdrücklich sagen, woran sie denken. Lämmchen, die sich größte Sorgen macht, sagt nicht näher, was sie sich vorstellt, und Jachmann, der sie auf ebenso entschiedene wie rücksichtsvolle Weise zu trösten versucht, benutzt ebenfalls bloß das referenzlose Pronomen „das", um sich auf das zu beziehen, woran beide denken, ohne es zu benennen: „‚Nicht, junge Frau, nicht!', sagt er. ‚Das gibt es nicht. Das tut er nicht.'" (384,32 f.)

Fallada beherrscht hier die Technik des Understatements, die er bei Hemingway und anderen amerikanischen Autoren bewundert: die Kunst, weniger auszusagen, als faktisch und emotional gegeben wäre, und gerade durch diese Abschwächung eine verstärkte Wirkung hervorzurufen. Er gibt in den Äußerungen Lämmchens und Jachmanns wie Hemingway nur „die Vorbedingungen für die Gefühle, das andere müssen wir schon machen, wenn wir eben fühlen können." Und wir erraten nicht nur, woran Lämmchen denkt, und fühlen ihre Ängste mit, wir erfassen auch, was zwischen ihr und Jachmann geschieht, ohne dass es aus- oder auch nur angesprochen wird. Die beiden verstehen einander gut, obwohl sie zwei unvereinbare Lebensweisen und Grundhaltungen vertreten. Jachmann wird

Lämmchen beim Abschied sogar zu verstehen geben, dass er sie liebt oder zumindest bewundert und ihm der Gedanke an ein Leben mit ihr als Alternative zu seiner verfehlten Existenz durch den Kopf geht. Im Dialog des vorliegenden Textausschnitts ist davon aber keine Rede, die beiden sprechen nur über Pinneberg und den kleinen Murkel. Und doch nehmen wir wahr, welch große Wertschätzung Jachmann für die sittsame Frau des kleinen Mannes empfindet und welches Wohlwollen sie dem liebenswürdigen Gauner entgegenbringt. Er versucht sie aufzurichten, und sie durchschaut ihn: „Das stimmt ja alles nicht, was Sie sagen, Jachmann, das ist ja nur Trost." (384,10 f.) Als sie dann ans Schlimmste denkt und Worte allein nicht mehr helfen, fasst Jachmann sie an den Schultern. Ein Trostversuch durch Körpernähe, den Lämmchen einen kleinen Moment akzeptiert, bevor sie sich „plötzlich frei" (384,34) macht und sagt: „Sie fahren besser nach Haus. Sie verlieren Ihr Geld mit dem Warten. Wir sind nun einmal im Unglück." (384,34–36) Beiden ist klar, und auch wir Lesenden merken es, „wenn wir eben fühlen können", dass hier noch mehr mit hereinspielt als Trostbedürfnis und Trostversuch und dass Lämmchens Sorge nicht nur dem Geld gilt, das Jachmann mit der wartenden Taxe verlieren wird. Er geht denn auch gar nicht weiter darauf ein, sondern macht einen radikalen Themenwechsel, schlägt Lämmchen vor, ihr die Karten zu legen und gibt seinem Vorschlag eine ironische Färbung, indem er von „Ka-Ka" spricht wie der kleine Murkel. Mit dem Hinweis auf Murkel macht er deutlich – wiederum ohne es auszurücken – , dass er Lämmchens Situation als Ehefrau und Mutter nicht in Frage stellt. Der Vorschlag des Kartenlegens dient ihm hauptsächlich zu einem weiteren Versuch, sie zu ermutigen. Diesmal reagiert sie mit einer gewissen Ironie darauf und sagt: „Es wird ein kleines Geldgeschenk ins Haus fliegen, das ist die Krisenunterstützung von nächster Woche." (385,11–13) Wir wissen wie sie, dass dieses „Geldgeschenk" kaum zum Leben reicht, sie zeigt Jachmann mit dem Hinweis darauf nur, dass sie seine Aussage, wonach ihre Zukunft „ganz anders“ (385,10) aussehen werde, als sie denke, bestenfalls für eine gut gemeinte Aufmunterung und schlimmstenfalls für das Versprechen eines Lebens mit einem anderen Mann versteht.

Im Dialog, seiner großen Stärke, kommt Fallada also seinem Vorbild Hemingway sehr nahe und erreicht das, was gute Literatur ausmacht: im Gesagten viel Nichtgesagtes mitschwingen zu lassen und ihm so eine größere Mehrdeutigkeit zu geben. Etwas anders ist es in den kurzen Erzählpassagen, die zeigen, was zwischen Lämmchen und Jachmann vorgeht, wenn sie nicht sprechen. Hier bemüht er sich weniger um die Kunst des Weglassens und ums bloße Skizzieren der Umrisse. Als Jachmann nach der ersten längeren Replik Lämmchens nach Worten sucht und sie lange stumm anschaut, kann Fallada es nicht lassen, das Bild so auszuschmücken, wie Hemingway es eben gerade nicht machen würde, und vom „großen Löwenkopf“ (384,15 f.) zu sprechen. Die Ausschmückung besteht hier nicht im *Epitheton ornans*, dem schmückenden Beiwort, das es zu vermeiden gilt, wohl aber in der Metapher des Löwenkopfs. Noch weiter geht Fallada dann, als er beschreibt, wie Lämmchen zu weinen beginnt. Er scheint zwar, wie es seinem Vorbild entspricht, nur festzuhalten, was zu sehen ist: „Plötzlich füllen sich diese Augen mit Tränen, groß und hell rinnen sie die Wange hinunter, der sanfte starke Mund beginnt zu zittern, wird haltlos.“ (384,27–29) Hemingway hätte den Vorgang aber wohl deutlich knapper gefasst: „Tränen füllen ihre Augen und rinnen die Wangen hinunter, die Lippen beginnen zu zittern, werden haltlos.“

RESÜMEE

Der Unterschied liegt darin, dass Fallada in der Erzählrede nicht bloß wie eine Kamera wiedergibt, was vorgeht, sondern sich immer auch in den Dialog mit den Lesenden begibt bzw. den Dialog bzw. inneren Monolog der Figuren mit aufgreift und in eine Erzählrede einfließen lässt, die sich meist auch im Dialog mit den Lesenden befindet. Falladas Erzählrede unterscheidet sich grundsätzlich von jener Hemingways, die eher monologisch ist und einem eingeschränkt auktorialen Erzählverhalten entspringt. Falladas Ausweitung des auktorialen Erzählverhaltens funktioniert auch im vorliegende Textausschnitt so, dass die Erzählinstanz in der ersten Erzählpassage eher mit Lämmchen auf Jachmann schaut: „Er hat seinen großen Löwenkopf Lämmchen ganz zugedreht, er sieht sie voll an" (384,15 f.), während sie in der zweiten eher die Perspektive Jachmanns übernimmt: „Sie sieht ihn groß an, ihre Augen sind sehr weit offen." (384,26) Fallada wechselt hier zwar nicht voll ins personale Erzählverhalten, er lässt uns aber an den Empfindungen der beiden Figuren unmittelbar teilhaben, so dass ihre Gefühle nicht mehr umrisshaft bloß „Vorbedingungen" für jene sind, die wir uns selber machen, „wenn wir eben fühlen können", sondern durch einzelne Ausschmückungen wie „Löwenkopf", „groß und hell" oder „der safte, starke Mund" stärker verdeutlicht werden, als dies bei Hemingway geschähe. Aber gerade hierin liegt wohl ein Teil der Gründe für den großen Publikumserfolg Falladas, wie Peter Suhrkamp sie 1934 beschrieben hat: „das Momentane wird momentan gegeben, mit einer aufmerksamen Reaktion in jedem Moment, bei fast völliger Distanzlosigkeit" zu den Figuren, „und im Erzählen sind Fallada auch seine Zuhörer nahe, er nimmt, möchte man sagen, seine Worte aus ihren Ohren."

LITERATUR

Werke von Hans Fallada:

Zitierte Ausgabe:

Fallada, Hans: *Kleiner Mann – was nun?* Roman. Berlin: Aufbau Verlag, 5. Aufl. 2013 (atb 2676).

Weitere Taschenbuchausgabe:

Fallada, Hans: *Kleiner Mann – was nun?* Roman. Reinbek bei Hamburg: Rowohlt Taschenbuch Verlag, 1950

Weitere beigezogene Texte von Hans Fallada:

Fallada, Hans: *Ernest Hemingway oder Woran liegt es?* In: Text+Kritik, Heft 200, X/2013: Hans Fallada, S. 3–6 → Erstdruck in: Die Literatur 33. August 1931, S. 672–674.

Fallada, Hans: *Heute bei uns zu Haus: Ein anderes Buch. Erfahrenes und Erfundenes.* Reinbek bei Hamburg: Rowohlt Taschenbuch Verlag, 1976 → Die Erstausgabe erschien 1943.

Werksammlung:

Fallada, Hans: *Ausgewählte Werke in Einzelausgaben. 10 Bände.* Hrsg. von Günter Caspar. Berlin und Weimar: Aufbau Verlag, 1962 ff.

Verwendete Sekundärliteratur zu *Kleiner Mann – was nun?*:

Einführungen:

Caspar, Günter: *Nachwort*. In: Hans Fallada: Kleiner Mann – was nun? (Ausgewählte Werke in Einzelausgaben, Bd. 2. Hrsg. von Günter Caspar.) Berlin: Aufbau-Verlag, 1970, S. 359–400.

Frotscher, Hans Jürgen: *Hans Fallada. Kleiner Mann – was nun?*, München: R. Oldenbourg Verlag, 1983 (Interpretationen für Schule und Studium).

Grisko, Michael: *Hans Fallada. Kleiner Mann – was nun? Erläuterungen und Dokumente*. Stuttgart: Reclam, 2002 (RUB Nr. 16024).

Hüppauf, Bernd: *Hans Fallada, „Kleiner Mann – was nun?“*. In: Manfred Brauneck (Hrsg.): Der deutsche Roman im 20. Jahrhundert. Bd. 1. Bamberg: Buchner, 1976, S. 209–239.

Lethen, Helmut: *Falladas* Kleiner Mann, was nun? *und die bürgerlichen Mittelstandstheorien*. In: Ders.: Neue Sachlichkeit 1924–1932. Studien zur Literatur des „Weißen Sozialismus“. Stuttgart: J. B. Metzler, 1970, S. 156–167.

Prümm, Karl: *Exzessive Nähe und Kinoblick. Alltagswahrnehmung in Hans Falladas Roman ‚Kleiner Mann – was nun?‘*. In: Sabina Becker und Christoph Weiss (Hrsg.): Neue Sachlichkeit im Roman. Neue Interpretationen zum Roman der Weimarer Republik. Stuttgart, Weimar: Verlag J. B. Metzler, 1995, S. 255–272.

Besprechungen und Forschungsbeiträge:

Delabar, Walter: *Was tun? Romane am Ende der Weimarer Republik*, Opladen/Wiesbaden: Westdeutscher Verlag, 1999.

Delabar, Walter: *In der Hölle. Männliche Modernisierungsverlierer in den Romanen Hans Falladas.* In: Text+Kritik, Heft 200, X/2013: Hans Fallada, S. 51–60.

Fritsch, Patricia: „Der Roman *Kleiner Mann, was nun?* [sic] im Spiegel der deutschen Presse im Jahr seiner Ersterscheinung“, in: Hans Fallada. Beiträge zu Leben und Werk. Materialien zur 1. Internationalen Hans-Fallada-Konferenz in Greifswald vom

10. 06. bis 13. 06. 1993. Hrsg. von Gunnar Müller-Waldeck und Roland Ulrich. Rostock: Hinstorff Verlag, 1995, S. 249–272.

Krohn, Claus-Dieter: *Hans Fallada und die Weimarer Republik. Zur Disposition kleinbürgerlicher Mentalitäten vor 1933.* In: Helmut Arntzen u. a. (Hrsg.): Literaturwissenschaft und Geschichtsphilosophie. Festschrift für Wilhelm Emrich. Berlin u. a.: de Gruyter, 1975, S. 507–522.

Lange I. M.: *Hans Fallada.* In: Schriftsteller der Gegenwart. Leonhard Frank / Hans Fallada. Hrsg. vom Kollektiv für Literaturgeschichte. Bearb. und Red.: Kurt Böttcher und Paul Günther Krohn. Berlin: Volk und Wissen, 3., durchges. Neuaufl. 1962, S. 77–114.

Schroeder, Max: *Vorwort.* In: Hans Fallada: Kleiner Mann – was nun? Berlin: Aufbau-Verlag, 1954, S. 5 f.

Schütz, Erhard: *Romane der Weimarer Republik,* München: Wilhelm Fink Verlag, 1986 (UTB 1387).

Suhrkamp, Peter: *Der Erzähler Hans Fallada.* In: Die Neue Rundschau, Jg. 45/1934, Bd. 2, S. 751–7.

Töteberg, Michael: *‚Beim Film weiß man nie'. Ein Autor scheitert an der Filmindustrie.* In: Text+Kritik, Heft 200, X/2013: Hans Fallada, S. 40–50.

Wittenbrink-Nordenhem, Pablo: *Die Angestellten „geistig obdachlos" – Kleiner Mann, was nun? Eine Betrachtung der Figur Pinneberg aus Hans Falladas* Kleiner Mann – was nun? *vor dem Hintergrund von Siegried Kracauers* Die Angestellten. Magisterarbeit, Stockholm universitet, Stockholm 2013, abrufbar unter: http://www.diva-portal.org/smash/get/diva2:611697/fulltext01.pdf (Stand: Juni 2015).

Wolff, Rudolf: *Psychogramm eines Volksschriftstellers.* In: Ders. (Hrsg.): Hans Fallada. Werk und Wirkung. Bonn: Bouvier, 1983, S. 8–16.

Verwendete Sekundärliteratur zu Hans Fallada:

Bauer, Heidrun: *Zur Funktion der Gespräche in den Romanen Hans Falladas,* Masch.-Diss. Wien 1972.

Lemmer, Theodor: *Hans Fallada. Eine Monographie*. Diss. Phil. Freiburg 1961.

Loohuis, W. J. M.: *Hans Fallada in der Literaturkritik. Ein Forschungsbericht.* Bad Honnef / Zürich: E. Keimer Verlag / Hebsacker Verlag, 1979.

Manthey, Jürgen: *Hans Fallada mit Selbstzeugnissen und Bilddokumenten.* Reinbek bei Hamburg: Rowohlt, 1963 (rowohlts monographien 50078).

Peter, Thomas: *Hans Falladas Romane in den USA 1930-1990.* Diss. Umeå universitet. Umeå: by Thomas Peter, 2002

Zachau, Reinhard K.: *Hans Fallada als politischer Schriftsteller.* New York u. a.: Peter Lang, 1990 (American University Studies. Series I, Germanic languages and literature; vol 83).

Verwendete Sekundärliteratur zum Kontext:

König, René: *Studien zur Soziologie*. Frankfurt a. M. und Hamburg: Fischer, 1971.

Kracauer, Siegfried: *Das Ornament der Masse.* Essays. Mit einem Nachwort von Karsten Witte. Frankfurt a. M.: Suhrkamp, 1977.

Kracauer, Siegfried: *Die Angestellten*. Frankfurt am Main: Suhrkamp, 1971 → Erstveröffentlichung 1929 in der Frankfurter Zeitung, Buchpublikation im Januar 1930.

Verwendete Literatur anderer Autoren:

Döblin, Alfred: *Das Theater der kleinen Leute* (Dezember 1909). In: Ders.: Kleine Schriften I. Hrsg. von Anthony W. Riley. (Ausgewählte Werke in Einzelbänden. Begründet von Walter Muschg in Verbindung mit den Söhnen des Dichters). Olten/Freiburg im Breisgau: Walter-Verlag, 1985, S. 71–73.

Dorst, Tankred: *Kleiner Mann, was nun?* Eine Revue von Tankred Dorst und Peter Zadek. [Nach dem Roman von] Hans Fallada [von] Tankred Dorst. Frankfurt am Main, Suhrkamp, 1. Aufl. 1972

Renoir, Jean: *Mein Leben und meine Filme.* München: DTV, 1975.

Türk, Werner: *Konfektion.* Roman, Berlin und Wien: Agis-Verlag, 1932.

Internetseiten (alle Stand: Juni 2015)

Zu Fallada allgemein:

http://www.fallada.de/index.php/de/
→ Webseite der Hans-Fallada-Gesellschaft e. V.

http://de.wikipedia.org/wiki/Hans_Fallada
→ Informationen über Leben und Werk allgemein

http://www.buecher-wiki.ch/index.php/BuecherWiki/FalladaHans
→ Informationen über Leben und Werke im Einzelnen

Zu *Kleiner Mann – was nun?*

www.dieterwunderlich.de/Fallada-kleiner-mann-was-nun.htm
→ solide Einführung

http://de.wikipedia.org/wiki/Kleiner_Mann_%E2%80%93_was_nun%3F
→ gute Einführung mit Angaben zu allen Film- und Bühnenbearbeitungen

http://www.liteline.de/ holdenb/liesel/doku.php?id=bbs:kmwnf_fgt2012
→ kurze Analyse und Interpretation im Rahmen der Neuen Sachlichkeit

http://www.zeit.de/2003/06/KA-Sch_9flerbibl_
→ Würdigung für die Reihe „Zeit-Schülerbibliothek" unter dem Gesichtspunkt der Aktualität
https://cafenoirblog.wordpress.com/2013/03/08/hans-fallada-kleiner-mann-was-nun-1932/
→ Würdigung im Hinblick auf die Theaterinszenierung von Michael Thalheimer in Frankfurt 2013

STICHWORTVERZEICHNIS